KARL HEINRICH BODE

Die Entscheidung des Revisionsgerichts in der Sache selbst

NEUE KÖLNER RECHTSWISSENSCHAFTLICHE ABHANDLUNGEN

HERAUSGEGEBEN VON
DER RECHTSWISSENSCHAFTLICHEN FAKULTÄT
DER UNIVERSITÄT ZU KÖLN

HEFT 12

Berlin 1958

WALTER DE GRUYTER & CO.

vormals G. J. Göschen'sche Verlagshandlung · J. Guttentag, Verlagsbuchhandlung
Georg Reimer · Karl J. Trübner · Veit & Comp.

Die Entscheidung des Revisionsgerichts in der Sache selbst

Von

Dr. Karl Heinrich Bode

Iserlohn

Berlin 1958

WALTER DE GRUYTER & CO.

vormals G. J. Göschen'sche Verlagshandlung · J. Guttentag, Verlagsbuchhandlung
Georg Reimer · Karl J. Trübner · Veit & Comp.

Archiv-Nr. 27 08 58 / 12
Satz und Druck: I/10/14 Walter de Gruyter & Co., Trebbin Kr. Luckenwalde

5000/326/57

Meinen Eltern

Inhaltsverzeichnis

Verzeichnis der benutzten Literatur

Ackermann	Zur Anrechnung der Untersuchungshaft, in Neue Juristische Wochenschrift 1950, Seite 367 ff.
Beling	Deutsches Reichsstrafprozeßrecht, Berlin und Leipzig 1928
Beling	Der nicht mitangefochtene und der teilweise angefochtene Schuldspruch, in Goltdammers Archiv Bd. 63, Seite 163 ff.
Binding	Grundriß des Deutschen Strafprozeßrechts, 5. Aufl., Leipzig 1904.
Börker	Die Anrechnung weiterer Untersuchungshaft durch das Revisionsgericht, in Juristische Rundschau 1952, Seite 278.
Bruns	Erweiterung der selbständigen Strafzumessungsbefugnis des Revisionsgerichts?, in Zeitschrift der Akademie für deutsches Recht 1941, Seite 143 f.
Cüppers	Gesetzlicher Zwang zur Lüge, in Neue Juristische Wochenschrift 1950, Seite 930 ff.
Dalcke	Strafrecht und Strafverfahren, 36. Aufl., Berlin 1955.
Dallinger	Das Strafrechtsänderungsgesetz, II. Teil: Gerichtsverfassung und Strafverfahren, in Juristenzeitung 1951, Seite 620 ff.
Dallinger	Aus der Rechtsprechung des Bundesgerichtshofes in Strafsachen, in Monatsschrift für Deutsches Recht 1951, Seite 144 ff.
Dallinger	Das Dritte Strafrechtsänderungsgesetz, II. Teil: Gerichtsverfassung und Strafverfahren, in Juristenzeitung 1953, Seite 432 ff.
Ebermayer-Lobe-Rosenberg	Strafgesetzbuch (Leipziger Kommentar), Bd. I, 7. Aufl. Berlin 1954. Zitiert: LK I.
Egberts, Georg	Die Entscheidung des Revisionsgerichts in Strafsachen, Diss. Erlangen 1921 (1925).
———	Entwurf einer Deutschen Strafprozeß-Ordnung, Berlin 1873.
Erbs	Handkommentar zur Strafprozeßordnung, Frankfurt/Main und Bonn 1950.
Feisenberger	Strafprozeßordnung und Gerichtsverfassungsgesetz, Berlin und Leipzig 1926.
Frank	Das Strafgesetzbuch für das Deutsche Reich, 18. Aufl. Tübingen 1931.
Gage-Sarstedt	Die Revision in Strafsachen, 3. Aufl. Essen 1954.
Gerland	Der Deutsche Strafprozeß, Mannheim-Berlin-Leipzig 1927.

Hahn — Die gesamten Materialien zur Strafprozeßordnung, Berlin 1880.

Hartung — Revisionsurteil oder Revisionsbeschluß?, in Deutsche Rechts-Zeitschrift 1950, Seite 219 ff.

Henkel — Strafverfahrensrecht, Stuttgart und Köln 1953.

Hippel, von — Der Deutsche Strafprozeß, Marburg 1941.

Hülle — Die offensichtlich unbegründete Revision in Strafsachen, in Neue Juristische Wochenschrift 1952, Seite 411 f.

Jagusch — Über die Strafaussetzung zur Bewährung (§§ 23—25 StGB), in Juristenzeitung 1953, Seite 688 ff.

Jagusch — Reform des Bundesgerichtshofes?, in Juristenzeitung 1955, Seite 33 ff.

Kern — Strafverfahrensrecht. Ein Studienbuch, 3. Aufl., München und Berlin 1953.

Klefisch — Die Rechtsmittel gegen Strafurteile im künftigen Strafprozeß, in Neue Juristische Wochenschrift 1951, Seite 330 ff.

Kleinknecht-Müller-Reitberger — Kommentar zur Strafprozeßordnung und zum Gerichtsverfassungsgesetz, 3. Aufl. Darmstadt-Nürnberg-Düsseldorf-Berlin 1954.
Zitiert: KMR-Komm.
Ebenso: 2. Aufl., Nürnberg 1950.

Kohlrausch — Strafprozeßordnung und Gerichtsverfassungsgesetz, 24. Aufl., Berlin und Leipzig 1936.

Kohlrausch-Lange — Strafgesetzbuch, 39. u. 40. Aufl., Berlin 1950.

Krönig — Anrechnung der Untersuchungshaft durch das Revisionsgericht, in Die Spruchgerichte 1948, Seite 343 f.

Kroschel — Die Abfassung der Urteile in Strafsachen, 16. Aufl., Berlin und Frankfurt 1951.

Ledig — Behelfe gegen den Leerlauf der Strafjustiz, in Deutsche Rechts-Zeitschrift 1947, Seite 334.

Lehmann, Rudolf — Die reformatio in peius in der Revisionsinstanz, in Juristische Wochenschrift 1936, Seite 696 ff.

Lichti — Leerlauf in der Strafrechtspflege, in Deutsche Richterzeitung 1952, 150 ff.

Löwe-Rosenberg — Die Strafprozeßordnung und das Gerichtsverfassungsgesetz, 20. Aufl., Berlin 1953 f.
Zitiert: Löwe.

Löwe-Rosenberg — Die Strafprozeßordnung für das Deutsche Reich, 19. Aufl., Ergänzungsband, Berlin und Leipzig 1936.
Zitiert: Löwe, Ergänzungsband.

Löwe-Rosenberg — Die Strafprozeßordnung für das Deutsche Reich, 2. Nachtrag (Neues Strafverfahrensrecht), Berlin 1940.
Zitiert: Löwe, 2. Nachtrag.

Lüttger	Die Änderung des Schuldspruchs durch das Revisionsgericht in der Rechtsprechung des Obersten Gerichtshofes für die Britische Zone, in Deutsche Rechts-Zeitschrift 1950, Seite 348 ff.
Mannheim	Beiträge zur Lehre von der Revision wegen materiellrechtlicher Verstöße im Strafverfahren, Berlin 1925.
———————	Motive zu dem Entwurf einer Deutschen Strafprozeßordnung, Berlin 1872.
Niese	Vereinheitlichung des Strafverfahrens, in Justiz und Verwaltung 1950, Seite 73 ff.
Olshausen, von	Kommentar zum Strafgesetzbuch für das Deutsche Reich, Bd. I, 12. Aufl., Berlin 1942.
Peters	Strafprozeß, Ein Lehrbuch, Karlsruhe 1952.
Pohle	Revision und neues Strafrecht, Leipziger Rechtswissenschaftliche Studien, Heft 56, Leipzig 1930.
Richter	Rechtsschöpferische Gedanken in der Rechtsprechung des Reichsgerichts zum Strafverfahrensrecht, in Festschrift für Bumke, Berlin 1939, Seite 99 ff.
Schmidt, Eberhard	Lehrkommentar zur Strafprozeßordnung und zum Gerichtsverfassungsgesetz, Teil I u. II, Göttingen 1952 ff.
Schneidewin	Die Rechtsprechung in Strafsachen, in Fünfzig Jahre Reichsgericht, Berlin und Leipzig 1929, Seite 322 f.
Schneidewin	Verfahrensrüge und Sitzungsprotokoll, in Monatsschrift für Deutsches Recht 1951, Seite 193 ff.
Schönke-Schröder	Strafgesetzbuch, 7. Aufl., München und Berlin 1954.
Schoppe, Günter	Revision und Kassation unter besonderer Berücksichtigung der Rechtsprechung des Reichsgerichts und des Kassationshofes, Dissertation Halle-Wittenberg 1935.
Schwarz	Strafgesetzbuch, 18. Aufl., München und Berlin 1955.
Schwarz	Strafprozeßordnung, 18. Aufl., München und Berlin 1955.
Schwarz	Das Reichsgericht als Tatsacheninstanz, in Zeitschrift der Akademie für Deutsches Recht 1940, Seite 139 ff.
Schwinge	Grundlagen des Revisionsrechts, Bonn 1935.
Schwinge	Die Fortbildung des Revisionsrechts durch die Rechtssprechung des Reichsgerichts, in Juristische Wochenschrift 1938, Seite 769 ff.
Seibert	Zur Revision in Strafsachen, in Deutsche Rechtszeitschrift 1948, Seite 371 ff.

Seibert	Zur Umgestaltung der Rechtsmittel in Strafsachen, in Deutsche Richterzeitung 1951, Seite 144.
Seibert	Zum Verbot der Schlechterstellung (§§ 331, 358, 373 StPO), in Monatsschrift für Deutsches Recht 1954, Seite 340 f.
Seibert	Zur Anrechnung der Untersuchungshaft, in Deutsche Richterzeitung 1955, Seite 288.
Steuerlein, Bruno	Die strafprozessuale Revision, Dissertation, Tübingen 1935.
Wimmer	Die Strafzumessungstatsachen im Prozeß, in Justizblatt für den Oberlandesgerichtsbezirk Köln, 1947, 137 ff.
Wimmer	Die ändernde Sachentscheidung des Revisionsgerichts in Strafsachen, in Monatschrift für Deutsches Recht 1948, Seite 69 ff.
Wimmer	Überzeugung, Wahrscheinlichkeit und Zweifel, in Deutsche Rechtszeitschrift 1950, Seite 390 ff.
Würtenberger	Die Anrechnung der Untersuchungshaft, in Juristenzeitung 1952, Seite 545 ff.
Zeiler	Aus der Werkstatt des Revisionsrichters, in Deutsche Richterzeitung 1935, Seite 42 f.

Verzeichnis der verwendeten Abkürzungen

A. A.	= Anderer Ansicht
a. a. O.	= am angeführten Ort
a. E.	= am Ende
BayObLGSt	= Amtliche Sammlung der Entscheidungen des Bayerischen Obersten Landesgerichts in Strafsachen, neue Folge.
BGBl.	= Bundesgesetzblatt
BGH	= Bundesgerichtshof
BGHSt	= Amtliche Sammlung der Entscheidungen des Bundesgerichtshofes in Strafsachen
DJZ	= Deutsche Juristenzeitung
DR	= Deutsches Recht
DRiZ	= Deutsche Richterzeitung
DRZ	= Deutsche Rechts-Zeitschrift
GA	= Goltdammers Archiv
HESt	= Höchstrichterliche Entscheidungen, Sammlung von Entscheidungen der Oberlandesgerichte in Strafsachen
HRR	= Höchstrichterliche Rechtsprechung
JMBl NW	= Justizministerialblatt Nordrhein-Westfalen
JR	= Juristische Rundschau
JuV	= Justiz und Verwaltung
JW	= Juristische Wochenschrift
JZ	= Juristenzeitung
KG	= Kammergericht
KRG	= Kontrollratsgesetz
LM	= Lindenmaier-Möhring, Nachschlagewerk der Entscheidungen des Bundesgerichtshofes
MDR	= Monatsschrift für Deutsches Recht
N.	= Note
NdsRpfl	= Niedersächsische Rechtspflege
n. F.	= neue Folge
NJ	= Neue Justiz
NJW	= Neue Juristische Wochenschrift
OGH	= Oberster Gerichtshof für die Britische Zone
OGHSt	= Amtliche Sammlung der Entscheidungen des Obersten Gerichtshofes für die Britische Zone in Strafsachen
OLG	= Oberlandesgericht
R	= Rechtsprechung des Reichsgerichts in Strafsachen
Reg. Bl.	= Regierungsblatt

RG	= Reichsgericht
RGBl.	= Reichsgesetzblatt
RGSt	= Amtliche Sammlung der Entscheidungen des Reichsgerichts in Strafsachen
RKG	= Reichskriegsgericht
SchlHAnz.	= Schleswig-Holsteinische Anzeigen
SJZ	= Süddeutsche Juristenzeitung
StA	= Staatsanwaltschaft
StGB	= Strafgesetzbuch
StPO	= Strafprozeßordnung
VO	= Verordnung
VRS	= Verkehrsrechtliche Sammlung
ZAkDR	= Zeitschrift der Akademie für Deutsches Recht
ZJBl. Br. Z.	= Zentraljustizblatt für die Britische Zone
ZStW	= Zeitschrift für die gesamte Strafrechtswissenschaft

EINLEITUNG:

Problemstellung.

Das Revisionsgericht, das die bei ihm eingelegte Revision weder für unzulässig noch einstimmig für offensichtlich unbegründet erachtet, hat über das Rechtsmittel durch Urteil zu entscheiden (§ 349 StPO). Es verwirft die Revision in diesem Urteil, soweit sie unbegründet ist; soweit sie dagegen für begründet erachtet wird, muß das angefochtene Urteil aufgehoben werden (§ 353 StPO). In diesem Falle wird — gerade umgekehrt wie bei der Berufung — die Sache in aller Regel an den Vorderrichter zurückverwiesen (§ 354 Abs. 2 StPO). Nur ausnahmsweise entscheidet das Revisionsgericht in der Sache selbst. Die gesetzliche Grundlage bildet § 354 Abs. 1 StPO. Hiernach hat das Revisionsgericht in der Sache selbst zu entscheiden, wenn das Urteil nur wegen Gesetzesverletzung bei Anwendung des Gesetzes auf die zugrunde liegenden Feststellungen aufgehoben wird und ohne weitere tatsächliche Erörterungen nur auf Freispruch oder Einstellung oder auf eine absolut bestimmte Strafe zu erkennen ist, oder das Revisionsgericht in Übereinstimmung mit dem Antrag der Staatsanwaltschaft die gesetzlich niedrigste Strafe oder das Absehen von Strafe für angemessen erachtet.

Der Wortlaut des § 354 Abs. 1 StPO hat sich seit langem für die Bedürfnisse der Praxis als zu eng erwiesen. Müßte die Sache in allen übrigen Fällen an den Vorderrichter zurückverwiesen werden, so wären zahlreiche Neuverhandlungen die Folge, deren Ergebnis bereits nach den Gründen des Revisionsgerichts festläge. Dies entspricht nicht dem Sinn des Gesetzes. Die Revisionsgerichte sind daher unter Führung des Reichsgerichts dazu übergegangen, in geeignet erscheinenden Fällen der Verurteilung in entsprechender Anwendung des § 354 Abs. 1 StPO in der Sache selbst zu entscheiden, um dem Zweck dieser Vorschrift — Vermeidung überflüssiger Neuverhandlungen — über ihren Wortlaut hinaus gerecht zu werden. Diese Rechtsprechung ist nach dem Ende des zweiten Weltkrieges zunächst von den Oberlandesgerichten wieder aufgenommen und weiter entwickelt worden. Später hat sich vor allem der Oberste Gerichtshof für die Britische Zone um die dogmatische Klärung der sich hierbei ergebenden Rechtsfragen bemüht. Auch der Bundesgerichtshof wendet seit seinem Bestehen den § 354 Abs. 1 StPO nicht nur direkt, sondern in zahlreichen Fällen auch entsprechend an.

Die Literatur hat sich nur selten und meist nur in kurzen Anmerkungen mit der Frage der entsprechenden Anwendung des § 354 Abs. 1 StPO befaßt. Sie stand der Rechtsprechung lange Jahre ablehnend gegenüber und hat sich erst spät zu einer entsprechenden Anwendung des Gesetzes bekannt.

Rechtsprechung und Literatur bieten aber hinsichtlich der Voraussetzungen, des Umfangs und der Grenzen einer analogen Anwendung des § 354 Abs. 1 StPO ein uneinheitliches Bild. Tatsächlich verlassen zahlreiche Entscheidungen der Revisionsgerichte den Boden des Gesetzes, an den selbstverständlich auch die entsprechende Anwendung einer Bestimmung gebunden ist. Sie verstoßen gegen die Grundlagen des geltenden Revisionsrechts und verletzen sogar in vielen Fällen die Rechte des Angeklagten. Diese Verstöße lassen sich durch keinerlei Hinweis auf die Prozeßwirtschaftlichkeit eines solchen Verfahrens rechtfertigen. Gedanken der Prozeßwirtschaftlichkeit, so sehr sie zu begrüßen sind, dürfen nur im Rahmen des Gesetzes berücksichtigt werden.

Es ist daher geboten, Voraussetzungen, Umfang und Grenzen einer analogen Anwendung des § 354 Abs. 1 StPO zu bestimmen. Die vorliegende Arbeit will an Hand der Rechtsprechung und Literatur versuchen, zur Lösung der sich in diesem Zusammenhang ergebenden Probleme beizutragen. Hierbei gilt es, zunächst einen Überblick über die Bestimmung des § 354 Abs. 1 StPO selbst als der gesetzlichen Grundlage zu gewinnen und ihre analoge Anwendung grundsätzlich zu rechtfertigen. Die Reihenfolge der weiteren Untersuchung ergibt sich aus dem Inhalt eines verurteilenden Erkenntnisses, das sich im wesentlichen aus dem Schuldspruch und dem Strafausspruch zusammensetzt, wobei zu diesem auch die Nebenstrafen und Nebenfolgen zu rechnen sind. Eine eigene Sachentscheidung des Revisionsgerichts kann sich somit auf den Schuldspruch oder den Strafausspruch oder auf beide beziehen. Es ist daher nur folgerichtig, als nächstes den Selbstentscheid im Schuldspruch, sodann den Selbstentscheid im Strafausspruch einschließlich der Nebenstrafen und Nebenfolgen in analoger Anwendung des § 354 Abs. 1 StPO zu untersuchen. Ein letzter Abschnitt wird sich anschließlich mit der Frage befassen, ob das Revisionsgericht zur Anrechnung von Untersuchungshaft befugt ist.

Nicht in den Rahmen dieser Arbeit gehört die bloße Berichtigung der unklar gefaßten Urteilsformel durch das Revisionsgericht mit Hilfe der klaren Gründe; denn hier handelt es sich nicht um eine eigene S a c h entscheidung, sondern nur um die Klarstellung des Entscheidungssatzes in einem vom Vorderrichter bereits richtig entschiedenen Falle [1]).

---

[1]) Beispiele hierfür bieten RGSt 54, 203; 54, 290; RG JW 1927, 1316 Nr. 12; OGH v. 27. 3. 1950 — StS 291/49; OGH v. 11. 4. 1950 — StS 87/49; BGH JZ 1951, 655; OLG Hamm HRR 2. Jahrg. 1926, Seite 29; OLG Kiel SchlHAnz. 1946, 69.

HAUPTTEIL

ERSTER ABSCHNITT

§ 354 Abs. 1 StPO als gesetzliche Grundlage.

Die Vorschrift des § 354 Abs. 1 StPO wurde ursprünglich als § 394 Abs. 1 in das Gesetz aufgenommen [1]). Ungeachtet der zahlreichen Änderungen, die die Strafprozeßordnung in ihren übrigen Teilen im Laufe der Jahrzehnte erfahren hat, ist diese Bestimmung bis auf den heutigen Tag nur einmal erweitert worden [2]), im übrigen völlig unverändert geblieben.

Bei der Beratung über eine einheitliche Strafprozeßordnung für das im Jahre 1871 geschaffene Deutsche Reich war man sich schon früh darüber einig, dem Revisionsgericht im Gegensatz zum Kassationshof des französischen Rechts die Möglichkeit einer eigenen Sachentscheidung einzuräumen [3]). Diese Möglichkeit sah man geradezu als charakteristisch für das neu zu schaffende Rechtsmittel der Revision an [4]), das mit dem Kassationsrekurs der Form und der Sache nach völlig brechen wollte [5]). Eine Entscheidung des Revisionsgerichts in der Sache selbst wurde für zulässig erachtet, wenn entweder auf Freispruch oder auf eine absolut bestimmte Strafe zu erkennen oder wenn wegen des Verbots der reformatio in peius an der von dem ersten Richter verhängten, das gesetzliche Strafminimum nicht überschreitenden Strafe festzuhalten sei [6]).

Zurückhaltender ist der Entwurf, der dem Reichstag im Jahre 1874 schließlich zur Beratung vorgelegt wurde. Er sieht in § 316 einen Selbstentscheid des Revisionsgerichts nur vor, falls auf Freispruch zu erkennen ist [7]). Die Motive zu diesem Entwurf gehen dementsprechend davon aus, daß die Sache grundsätzlich an den Vorderrichter zurückzuverweisen ist [8]).

---

1) Strafprozeßordnung für das Deutsche Reich v. 1. 2. 1877 (RGBl. I S. 253).

2) Durch Art. 4 Nr. 4 des Strafrechtsänderungsgesetzes v. 30. 8. 1951 (BGBl. I S. 739) wurde der Fall des Absehens von Strafe eingeführt; hierzu s. unten.

3) So bereits die Motive zu dem Entwurf von 1872, S. 229 f.

4) a. a. O., S. 217.

5) Vgl. hierzu jedoch Schwinge, Grundlagen, der nachzuweisen sucht, daß keine wesentlichen Unterschiede zwischen Revision und Kassation bestehen; vgl. v. a. Seite 40 ff.

6) Vgl. § 265 des Entwurfs von 1873 und dazu die Motive von 1872, S. 229 f.

7) Bei Hahn, S. 41.

8) Bei Hahn, S. 259.

Der § 394 (§ 316 der Gesetzesvorlage) StPO erhielt seine spätere Gestalt erst in der Beratung der Reichstagskommission. Hier wurde in der ersten Lesung beantragt, hinter „Freisprechung" die Worte „oder auf eine absolut bestimmte Strafe" einzuschalten — insoweit also in Übereinstimmung mit den Motiven aus dem Jahre 1872 —, ferner hinzuzusetzen, daß in Übereinstimmung mit dem Antrag der Staatsanwaltschaft auf die gesetzlich niedrigste Strafe erkannt werden dürfe [9]). Der erste Teil dieses Antrages wurde von allen Kommissionsmitgliedern befürwortet. Der zweite Teil wurde im wesentlichen auf Gründe der Zweckmäßigkeit gestützt. Es läßt sich nicht verkennen, daß er von den Fällen des Freispruchs und der absolut bestimmten Strafe abweicht, indem er dem Revisionsgericht eine Ermessensentscheidung zubilligt, die sonst nur dem Tatrichter zusteht, wenn sie auch nicht zum Nachteil des Angeklagten gereichen kann. Trotz der gegen diesen Teil gerichteten Bedenken des Vertreters des Bundesrates [10]) wurde der Antrag jedoch in beiden Teilen angenommen. Bei späteren redaktionellen Änderungen seitens der Kommission wurden schließlich hinter „Freisprechung" noch die Worte „oder auf Einstellung" eingefügt [11]). In dieser Fassung ist der § 316 Abs. 1 des Entwurfs dann, nachdem der Bundesrat keine Bedenken mehr erhoben hatte, als § 394 Abs. 1 StPO Gesetz geworden [12]).

Im Jahre 1924 wurde die Strafprozeßordnung auf Grund der sogenannten Emminger-Verordnung neu bekannt gemacht. Der § 394 StPO wurde hierbei als § 354 StPO übernommen, ohne bezüglich der Sachentscheidung des Revisionsgerichts geändert zu werden [13]).

Das Strafrechtsänderungsgesetz von 1951 hat den § 354 Abs. 1 StPO schließlich dahin ergänzt, daß das Revisionsgericht auch dann durcherkennen darf, wenn es in Übereinstimmung mit dem Antrag der Staatsanwaltschaft das Absehen von Strafe für angemessen erachtet [14]). Die Fälle, in denen ein Absehen von Strafe zulässig ist, sind dem materiellen Strafrecht zu entnehmen [15]). Grundsätzlich handelt es sich auch hier um eine dem Tatrichter vorbehaltene Ermessensentscheidung. Aber diese Entscheidung ist in ihren gedanklichen Grundlagen der Verhängung der gesetzlich niedrigsten Strafe ganz ähnlich. Das Gesetz will daher beide Möglichkeiten gleich behandelt wissen. Die Erweiterung des § 354 Abs. 1 StPO hängt ganz offenbar damit zusammen, daß das Strafrechtsänderungsgesetz von

---

[9]) Protokolle der Kommission 1. Lesung, bei Hahn, S. 1046 ff.
[10]) a. a. O. S. 1047. — Gegen diese Bestimmung später auch Binding S. 277.
[11]) Bei Hahn S. 1499.
[12]) Protokolle der 3. Beratung im Plenum des Reichstags, bei Hahn S. 2097.
[13]) Bekanntmachung des Textes der StPO v. 22. 3. 1924 (RGBl. I S. 357).
[14]) Art. 4 Nr. 4 des Gesetzes vom 30. 8. 1951 (Bundesgesetzblatt I S. 739).
[15]) Hierher gehören die §§ 82, 89 III, 90 V, 129 III, 129 a II, 139 I, 157 II, 158 I, 173 V, 175 II StGB.

1951 verschiedene Tatbestände neu in das Strafgesetzbuch aufgenommen hat, bei denen ein Absehen von Strafe zulässig ist [16]). Sie ist daher eine entsprechende Maßnahme auf dem Gebiete des Verfahrensrechts, um bei der gestiegenen Bedeutung dieser Fälle überflüssig erscheinende Neuverhandlungen zu vermeiden [17]).

Das Gesetz macht die Entscheidung des Revisionsgerichts in der Sache selbst von zwei Voraussetzungen abhängig. Einmal darf das angefochtene Urteil nur wegen „Gesetzesverletzung bei Anwendung des Gesetzes auf die dem Urteil zugrunde liegenden Feststellungen", d. h. auf eine Sachrüge hin wegen eines Subsumtionsfehlers aufgehoben sein; zum andern müssen die tatsächlichen Erörterungen erschöpfend sein. Der Notwendigkeit dieser beiden Voraussetzungen war man sich bereits früh bewußt [18]). Sie liegen im Wesen des Revisionsrechts begründet und sind daher bei direkter wie auch bei entsprechender Anwendung des Gesetzes zu beachten. Ein Urteil darf nicht gefällt werden, bevor nicht seine tatsächlichen Grundlagen erschöpfend festgestellt sind. Tatsächliche Ermittlungen zur Sache selbst widersprechen jedoch der Natur und den Möglichkeiten des Revisionsverfahrens, das sich als Rechtsrügegericht nur mit Gesetzesverletzungen zu befassen hat [19]). Die Sache muß daher an den Vorderrichter zurückverwiesen werden, wenn die tatsächlichen Feststellungen des angefochtenen Urteils nicht erschöpfend, d. h. noch ergänzungs- oder variationsfähig sind [20]).

Das Revisionsgericht darf schließlich nur dann durcherkennen, wenn das angefochtene Urteil lediglich materiellrechtlich fehlerhaft ist. Das ist heute fast allgemein anerkannt [21]). Ist ein — für das Urteil ursächlicher — Verfahrensfehler begangen, so sind die tatsächlichen Grundlagen des angefochtenen Urteils in verfahrensmäßig nicht korrekter Weise ermittelt worden. Die Verhandlung muß daher vor dem Tatrichter wiederholt werden, um diese Grundlagen in einem nunmehr korrekten Verfahren zu gewinnen. Die gegenteilige Ansicht von Peters [22]) steht dieser Auffassung nur scheinbar entgegen. Bei den von ihm angeführten Ausnahmen — es fehlt eine Prozeßvoraussetzung, es besteht ein Prozeßhindernis — handelt es sich weniger um Rügen des erstinstanzlichen Verfahrens, sondern um den Hinweis, daß es für das Verfahren vor dem Revisionsgericht selbst an den Sachurteilsvoraussetzungen fehle. Dieser — nach heute überwiegender Meinung ohnhin von Amts wegen zu beach-

---

[16]) Vgl. §§ 82, 89 III, 90 V, 129 III, 129 a II StGB.

[17]) Vgl. auch Dallinger JZ 1951, 622.

[18]) Vgl. § 265 des Entwurfs von 1873 S. 57.

[19]) So bereits die Motive zu dem Entwurf von 1872, S. 229 f.

[20]) Vgl. auch Wimmer DRZ 1950, 396.

[21]) Erbs § 354 Anm. I; Gerland S. 429; Kern S. 195; Löwe § 354 Anm. 1 b; Schwarz § 354 Anm. 1 A.

[22]) S. 533.

tende — Mangel führt zur Einstellung des Verfahrens. Diese Einstellung ist keine Entscheidung in der Sache selbst, sie bestätigt vielmehr gerade, daß eine solche Entscheidung nicht zulässig ist [23]). Die von Peters vertretene Ansicht wirft allerdings die Frage auf, ob der Fall der Einstellung systematisch zu Recht in die Vorschrift des § 354 Abs. 1 StPO aufgenommen worden ist. Es fehlt hier nämlich immer an einer Sachurteilsvoraussetzung [24]), so daß das Revisionsgericht gerade nicht „in der Sache selbst" entscheiden darf. Diese Frage braucht hier jedoch nicht weiter verfolgt zu werden. Eine Entscheidung zur Sache selbst, wie wir sie heute verstehen, ist jedenfalls nur bei materiellrechtlichen Fehlern zulässig und nur insoweit knüpft eine analoge Anwendung des § 354 Abs. 1 StPO an die gesetzliche Grundlage an.

Die in direkter Anwendung des § 354 Abs. 1 StPO entschiedenen Fälle stellen nur einen geringen Teil der insgesamt vor die Revisionsgerichte gebrachten Verfahren dar [25]). Fälle, in denen das Revisionsgericht unter Aufhebung des angefochtenen Urteils ganz oder teilweise freispricht, finden sich hierbei relativ häufig [26]). In der Regel handelt es sich um Verfahren, in denen der Vorderrichter den Angeklagten auf Grund rechtsirriger Anwendung des materiellen Strafrechts auf den erschöpfend festgestellten Sachverhalt verurteilt hatte, während nach zutreffender Rechtsansicht eine strafbare Handlung nicht gegeben war. Es kann jedoch auch anders liegen [27]).

Auch daß das Revisionsgericht das Verfahren einstellt, ist nicht selten [28]). Nur ganz ausnahmsweise ist hingegen auf eine ab-

---

[23]) Manche Gerichte stellen daher das Verfahren in diesen Fällen auch außerhalb der Hauptverhandlung in entsprechender Anwendung des § 206 a StPO ein; so OLG Köln JMBl NW 1953, 213; OLG Hamm ebenda S. 257; vgl. auch Hans. OLG Bremen JZ 1951, 653; neuerdings BGH v. 14. 6. 1955 JR 1955, 427.

[24]) Als Beispiele seien genannt: RGSt 36, 64; 41, 152; 41, 167; 46, 214; OGH v. 30. 1. 1950 — StS 374/49; BGH NJW 1954, 1817 (Nr. 17); BGH MDR 1955, 431; OLG Kiel SchlHAnz. 1948, 83.

[25]) Vgl. z. B. für das Reichsgericht die Aufstellung von Zeiler DRiZ 1935, 43.

[26]) Als Beispiele seien genannt: RGSt 13, 8; 56, 234; 70, 289; 72, 216; OGHSt 1, 273; BGH NJW 1953, 1194 (Nr. 20); BGH NJW 1954, 439 (Nr. 15); OLG Hamburg SJZ 1948, 688; KG JR 1950, 407 und OLG Celle NJW 1953, 1767 (Nr. 28).

[27]) Das Revisionsgericht spricht z. B. frei, wenn der Tatrichter den wegen eines Offizialdelikts angeklagten Beschwerdeführer abweichend vom Eröffnungsbeschluß wegen eines Antragsdelikts verurteilt hat, hierzu aber der nötige Strafantrag fehlt (so BGH NJW 1955, 838 Nr. 13). Es spricht weiter z. B. teilweise frei, wenn der Vorderrichter von den im Eröffnungsbeschluß zu einer fortgesetzten Straftat zusammengefaßten Einzelhandlungen mehrere mangels Beweises ausgeschieden und die übrigen als selbständige Straftaten abgeurteilt hat, ohne folgerichtig wegen der nicht erwiesenen Fälle freizusprechen (so BGH JR 1954, 352).

[28]) Vgl. hierzu oben Note 24.

solut bestimmte Strafe erkannt worden. Diese Strafen kamen früher vor allem in Zoll- und Steuergesetzen vor, bei denen Geldstrafen angedroht wurden, die in dem mehrfachen Betrag der hinterzogenen Abgabe oder des Wertes bestimmter Objekte bestanden [29]). Aus dem Strafgesetzbuch kommt nur die Strafe für Mord in Betracht, der bis zum Jahre 1949 mit dem Tode bedroht war, der heute mit lebenslangem Zuchthaus zu ahnden ist. Richtiger Ansicht nach handelt es sich hierbei jedoch nicht um eine absolut bestimmte Strafe, da gem. § 32 StGB daneben noch die Möglichkeit besteht, auf den dauernden Verlust der bürgerlichen Ehrenrechte zu erkennen [30]). Eine Zurückverweisung läßt sich in diesen Fällen aber dadurch vermeiden, daß das Revisionsgericht auf lebenslängliches Zuchthaus ohne Aberkennung der bürgerlichen Ehrenrechte als der gesetzlich niedrigsten Strafe erkennt, wobei ein entsprechender Antrag der Staatsanwaltschaft erforderlich ist.

Eine absolut bestimmte Strafe ergibt sich für das Revisionsgericht ferner dann, wenn bei einer Verurteilung wegen zweier oder mehrerer realkonkurrierender Delikte alle strafbaren Handlungen bis auf eine Tat durch Teilfreispruch oder Teileinstellung wegfallen. Die für diese Tat vom Vorderrichter verhängte Einzelstrafe darf das Revisionsgericht als alleinige Strafe aufrecht erhalten [31]). Hierher werden schließlich die Fälle absolut bestimmter Nebenstrafen gerechnet [32]), so einer zwingend vorgeschriebenen Einziehung, doch dürfte es sich hierbei nicht mehr um eine direkte, vielmehr schon um eine analoge Anwendung des § 354 Abs. 1 StPO handeln [33]).

Daß das Revisionsgericht in Übereinstimmung mit dem Antrag der Staatsanwaltschaft auf die gesetzlich niedrigste Strafe erkennt, kommt ebenfalls nur recht selten vor [34]). Hier sind vor allem die Erkenntnisse zu nennen, in denen das preußische Kammergericht auf die Revision der Staatsanwaltschaft über die Gültigkeit von polizeilichen Übertretungsvorschriften entschieden hat. Da es in diesen Fällen nur um die Gültigkeit der Vorschrift, nicht aber um die Höhe der verwirkten Strafe ging, hat das Kammergericht oftmals, dem Antrag der Staatsanwaltschaft entsprechend, die gesetzliche Mindeststrafe verhängt, wenn es die Gültigkeit der betreffenden Bestimmung bejahte. — Ist die gesetzlich niedrigste Strafe nur

---

[29]) Vgl. z. B. RGSt 56, 232.

[30]) So auch Kohlrausch § 354 Anm. 3; Gerland S. 430 N. 365; vgl. aber OGHSt 2, 1.

[31]) So Löwe § 354 Anm. 4; Lüttger S. 350 zu VI 1 und die dort zitierte Entscheidung des OGH, die insoweit in der amtlichen Sammlung (OGHSt 2, 67) nicht abgedruckt ist.

[32]) So Erbs § 354 Anm. II B.

[33]) Vgl. RGSt 53, 248; OLG Kassel ZStW Bd. 45, S. 210 und unten § 8.

[34]) Beispiele bieten RGSt 74, 171 u. OLG Braunschweig NdsRpfl. 1950, 93 (Nr. 3).

bei der Annahme von mildernden Umständen zulässig, müssen diese vom Tatrichter bereits zugebilligt worden sein [35]).

Ein Fall, in dem das Revisionsrecht von Strafe abgesehen hat, ist bis heute nicht bekannt geworden.

Schließlich ist gem. § 354 a StPO auch dann nach § 354 StPO zu verfahren, wenn das Revisionsgericht das Urteil aufhebt, weil zur Zeit seiner Entscheidung ein anderes Gesetz gilt als zur Zeit des Erlasses des angefochtenen Urteils [36]). Da das Revisionsgericht somit befugt ist, eine Gesetzesänderung zu berücksichtigen [37]), läßt sich heute auch der Hauptfall der sogenannten Konvaleszenz [38]) — Aufrechterhaltung eines rechtsirrigen Freispruchs, der durch eine nachträgliche Gesetzesänderung richtig geworden ist — unmittelbar aus dem Gesetz lösen. Der Gedankengang ist hierbei folgender: Das Gericht hebt zunächst das angefochtene Urteil auf, damit der Fall nach neuem Recht entschieden werden kann; sodann erkennt es auf Grund der neuen Gesetzeslage gemäß § 354 Abs. 1 StPO selbst auf Freispruch. Da das vorderrichterliche Urteil bereits auf Freispruch lautet, verwirft das Gericht die Revision. Das Reichsgericht hat es unter Hinweis auf § 337 StPO vor Erlaß des § 354 a StPO in ständiger Rechtssprechung abgelehnt, eine zwischenzeitliche Gesetzesänderung zu berücksichtigen. Es konnte daher zu diesem Ergebnis nur im Wege entsprechender Anwendung des § 354 Abs. 1 StPO gelangen [39]). Es hat seine Ansicht damit begründet, daß der Tatrichter nach erneuter Verhandlung wieder auf Freispruch erkennen müsse, da er das neue Recht anzuwenden habe; es sei daher eine zwecklose Weiterung, falls das Revisionsgericht nicht selbst auf das bereits feststehende Urteil erkennen würde [40]).

---

[35]) So schon RGSt 2, 354 (358).

[36]) § 354 a StPO wurde erstmalig durch das Gesetz v. 28. 6. 1935 (RGBl. I S. 839) in die Strafprozeßordnung eingefügt. Nach dem Zusammenbruch im Jahre 1945 galt er ausdrücklich nur in der französischen Zone weiter. Im Jahre 1950 wurde er durch das sog. Vereinheitlichungsgesetz v. 12. 9. 1950 (BGBl. I S. 455) in die z. Zt. geltende Strafprozeßordnung aufgenommen.

[37]) Ob das Revisionsgericht seit der Neufassung des § 2 StGB durch das Dritte Strafrechtsänderungsgesetz v. 4. 8. 1953 (BGBl. I S. 735) auch verpflichtet ist, das neue Gesetz zu beachten, ist streitig. Vgl. u. a. die zu entgegengesetzten Ergebnissen kommenden Urteile des BGH in NJW 1954, 39 Nr. 15 u. 16.

[38]) Vgl. hierzu Schneidewin in „Fünfzig Jahre Reichsgericht" S. 323.

[39]) Vgl. RGSt 51, 47; RG GA 64, 554; RGSt 53, 13.

[40]) Der bei Schneidewin a. a. O. erwähnte Fall, daß das Reichsgericht ausnahmsweise sogar eine Verurteilung aufrechterhalten habe, würde auch heute — soweit nicht § 2 StGB entgegen steht — nur in entsprechender Anwendung des § 354 Abs. 1 StPO möglich sein, falls nicht auf eine absolut bestimmte Strafe zu erkennen ist oder die gesetzlich niedrigste Strafe für angemessen erachtet wird.

ZWEITER ABSCHNITT

Rechtfertigung der Analogie.

Der Überblick über die Bestimmung des § 354 Abs. 1 StPO hat gezeigt, daß ihre unmittelbare praktische Anwendbarkeit trotz ihrer grundlegenden Bedeutung gering ist. Die Fälle, in denen die Richtigstellung eines Subsumtionsfehlers zum Freispruch, zu einer absolut bestimmten Strafe, zur gesetzlich niedrigsten Strafe oder zu einem Absehen von Strafe führt, sind wenig zahlreich. Nach dem Gesetz müßte aber in allen anderen Fällen, in denen ein Subsumtionsfehler endgültig klargestellt werden könnte, das ganze Urteil aufgehoben und die Sache zurückverwiesen werden. Vermeidbare Neuverhandlungen und damit Verschwendung von Arbeitskraft, Zeit und Geld wären die unerfreuliche Folge.

Es ist daher zu versuchen, dem Sinn des § 354 Abs. 1 StPO über den Wortlaut des Gesetzes hinaus gerecht zu werden. Eine Analogie ist im Strafverfahren grundsätzlich zulässig. Das Gesetz ist notwendigerweise lückenhaft. Es bedarf daher einer entsprechenden Anwendung auf gleichgelagerte Fälle, die nicht ausdrücklich geregelt sind, falls dem Gesetz nicht im Einzelfall ein entgegenstehender Wille zu entnehmen ist [1]). Ein allgemeines Analogieverbot, wie es in § 2 StGB für das materielle Strafrecht aufgestellt worden ist, kennt das Strafverfahren nicht. Es gilt daher, die analoge Anwendung des § 354 Abs. 1 StPO zu rechtfertigen. Hierbei ist zunächst grundsätzlich zu fragen, ob das Revisionsgericht überhaupt durcherkennen darf, wenn es einen Fehler endgültig klarstellen kann [2]). Nur wenn das bejaht wird, ist weiter zu prüfen, unter welchen Voraussetzungen das Revisionsgericht im einzelnen berechtigt ist, in der Sache selbst zu entscheiden, wann es also befugt und in der Lage ist, einen Fehler endgültig klarzustellen [3]).

§ 1. Abzulehnende Versuche eigener Sachentscheidung.

Versuche, überflüssig erscheinende Neuverhandlungen dadurch zu vermeiden, daß Subsumtionsfehler für unbeachtlich erklärt werden, sind abzulehnen. Diesen Weg ist die Rechtsprechung jedoch teilweise gegangen. Manchmal sind, wenn nur der Angeklagte Revision eingelegt hatte, einerseits Fehler zu seinem Nachteil für unerheblich erklärt worden, weil sie das Urteil angeblich nicht berührten [4]), andererseits Fehler zu seinen Gunsten deshalb, weil er durch diese

---

[1]) Vgl. im einzelnen statt vieler Peters S. 73 f.

[2]) Unten §§ 1—3.

[3]) Unten §§ 4—8.

[4]) RGSt 39, 155; RG GA 68, 279; BayObLG JW 1920, 56 Nr. 3.

Fehler nicht beschwert sei. Obwohl das Revisionsgericht dann die Revision verwirft, handelt es sich doch um einen eigenen Sachentscheid, da das erneute Urteil des Tatrichters vorweggenommen wird.

Zur ersten Fallgruppe kann es an dieser Stelle der Untersuchung dahingestellt bleiben, ob das Revisionsgericht erklären darf, ein Subsumtionsfehler berühre das Strafmaß nicht, oder ob es sich hierbei nicht um eine Strafzumessungserwägung handelt, die dem Revisionsrichter verwehrt ist. Gegen diese Rechtsprechung spricht schon eine logisch vorhergehende Überlegung. Das Argument, das Urteil sei im Ergebnis durch den Fehler nicht berührt, setzt in unzulässiger Weise das Ergebnis eines Urteils mit dem Strafausspruch gleich. Zu einem einwandfreien strafrichterlichen Erkenntnis gehört auch die richtige Bezeichnung des Delikts [5]. Auf diese richtige Bezeichnung hat der Angeklagte ein Recht. Ein Urteil, das beispielsweise einen Angeklagten wegen Diebstahls mit drei Jahren Gefängnis bestraft, obwohl er nur eine einfache Unterschlagung begangen hat, ist in jedem Fall falsch, mag selbst die Höhe der Strafe auch bei richtiger Rechtsauffassung angemessen sein. Falsch ist daher auch eine Rechtsprechung, die einen solchen Subsumtionsfehler für unbeachtlich erklärt.

Es ist aber auch unzulässig, bei alleiniger Revision des Angeklagten einen unrichtigen Schuldspruch — z. B. weil das angewendete Strafgesetz unter dem Gesichtspunkt der Subsidiarität zurückzutreten hat — deshalb bestehen zu lassen, weil er dem Angeklagten nicht nachteilig, vielmehr günstig sei [6]. Ein unrichtiger Schuldspruch beschwert den Angeklagten in jedem Fall. Sein Recht geht auf die r i c h t i g e Bezeichnung der Tat, nicht auf eine möglichst günstige. Anderenfalls bliebe auch unklar, ob hierbei ein objektiver oder ein subjektiver Maßstab zu gelten habe. Auch bei objektiver Betrachtung ließe sich dann keine Klarheit gewinnen, wenn die neue Rechtsnorm dem Angeklagten teils günstiger, teils ungünstiger ist, weil sie etwa eine schwerere Höchst-, aber auch eine leichtere Mindeststrafe androht [7]. Überhaupt ist eine Beschwer des Angeklagten nur für die Frage der Zulässigkeit seiner Revision von Bedeutung, sie begrenzt aber nicht das Recht und die Pflicht des Revisionsgerichts zu einer umfassenden Prüfung des Sachverhalts. Vielmehr hat das Revisionsgericht die Pflicht, auf die vom Angeklagten erhobene Sachrüge hin das angefochtene Urteil in seinem gesamten materiellrechtlichen Bestande nachzuprüfen, gleich ob ein Fehler dem Angeklagten objektiv oder subjektiv günstig ist oder nicht; es darf auf keinen Fall im entscheidenden Teil etwas

---

[5]) So auch Kern Anm. zu BayObLG JW 1920 56 Nr. 3; Mannheim, Revision S. 171; Wimmer S. 70 zu III.

[6]) Vgl. RGSt 57, 28; 66, 401.

[7]) Auf diese Gesichtspunkte weist Wimmer S. 71 links zutreffend hin.

positiv Unrichtiges bestehen lassen [8]). Das Verbot der reformatio in peius (§ 358 Abs. 2 StPO) [9]) steht der Schlechterstellung des Angeklagten hinsichtlich der Schuldfrage nicht entgegen, da dieses Verbot — wie heute allgemein anerkannt ist — sich nur auf eine Schärfung der Strafe bezieht. Es ist daher unzulässig, einen Subsumtionsfehler deshalb unbeachtet zu lassen, weil nur der Angeklagte Revision eingelegt habe und er durch diesen Fehler nicht beschwert sei [10]).

§ 2. Die Bindung des Vorderrichters.

Die analoge Anwendung des § 354 Abs. 1 StPO läßt sich vielmehr durch folgende Überlegung rechtfertigen. Wenn das Revisionsgericht, das einen Rechtsfehler endgültig klarstellen kann [11]), die Sache zurückverwiese, so wäre der Vorderrichter an die Gründe des Revisionsurteils gebunden (§ 358 Abs. 1 StPO). Zudem müßte das Revisionsgericht, da lediglich das Gesetz auf den ordnungsgemäß festgestellten Sachverhalt falsch angewendet worden ist, die tatsächlichen Feststellungen aufrechterhalten (§ 353 Abs. 2 StPO). Der Vorderrichter dürfte damit in erneuter Hauptverhandlung weder Tatsachen feststellen, die von den aufrechterhaltenen Feststellungen abweichen, noch dürfte er das Gesetz auf diesen feststehenden Sachverhalt anders als das Revisionsgericht anwenden. Das Ergebnis der erneuten Verhandlung stände daher bereits mit Erlaß des Revisionsurteils fest [12]). Es wäre genau so, als wenn das Revisionsgericht in der Sache selbst abschließend entschieden hätte. Das Revisionsgericht muß daher berechtigt sein, diese Entscheidung selbst zu treffen [13]). Eine Zurückweisung wäre bloßer Formalismus und verschwendete Arbeitskraft, Zeit und Geld.

---

[8]) Das Revisionsgericht ist dagegen bei alleiniger Revision des Angeklagten nicht verpflichtet, einer zutreffenden Verurteilung eine etwa weiter in Tateinheit verletzte Vorschrift hinzuzufügen. Hier ist das Urteil zwar unvollständig, aber doch richtig; das Revisionsgericht erfüllt seine Aufgabe daher schon dadurch, daß es die Revision verwirft.

[9]) Dieses Verbot gilt grundsätzlich auch für die Revisionsinstanz: RGSt 45, 62 (64); Gerland S. 430.

[10]) So z. B. heute noch OLG Bremen DRZ 1950, 165. Der im Text vertretenen Auffassung steht BGHSt 1, 117 nicht entgegen, da es sich dort nicht um die Bedeutung eines Subsumtionsfehlers, sondern um Strafzumessungsfragen handelt. A. A. scheint jedoch jetzt BGH NJW 1955, 1407 (Nr. 23) zu sein, ohne sich abschließend zu äußern.

[11]) Ohne diese endgültige Klarstellung würde das Revisionsgericht seine Aufgabe nicht voll erfüllen, so zutreffend Wimmer S. 71.

[12]) Vgl. hierzu ausführlich Wimmer S. 71 f., auf den zur Vermeidung überflüssiger Wiederholungen verwiesen wird. Das dort gesagte gilt entsprechend für alle Fälle, in denen das Revisionsgericht einen Fehler endgültig klarstellen kann.

[13]) Diese Rechtfertigung der Analogie zu § 354 Abs. 1 StPO ist heute allgemein anerkannt: OGHSt 1, 1; 1, 11; OGH MDR 1948, 303; OLG Ham-

§ 3. Zulässiger Umfang der eigenen Sachentscheidung.

Ein Sachentscheid des Revisionsgerichts in analoger Anwendung des § 354 Abs. 1 StPO ist daher grundsätzlich mit dem Gesetz vereinbar. Aber mit dieser Erkenntnis ist praktisch noch wenig gewonnen. Es fragt sich nämlich, ob das Revisionsgericht entsprechend den in § 354 Abs. 1 StPO genannten Alternativen nur in den seltenen Fällen durcherkennen darf, in denen es das g a n z e Verfahren rechtskräftig abschließen kann, oder ob ein Sachentscheid auch dann zulässig ist, wenn nur ein Fehler endgültig klargestellt werden kann, der lediglich einen Teil des Urteils betrifft.

Diese in den ersten Jahrzehnten nach Erlaß der Strafprozeßordnung völlig ungeklärte Frage stand einer fruchtbaren Analogie zu § 354 Abs. 1 StPO lange Zeit im Wege. Man ging von der Einheit des Urteils aus und hielt neben den hier bereits abgelehnten Versuchen [14]) einen Sachentscheid des Revisionsgerichts nur für zulässig, wenn entsprechend den im § 354 Abs. 1 StPO genannten Alternativen das g a n z e Verfahren rechtskräftig beendet werden konnte. So hat sich das Reichsgericht schon im Jahre 1881 [15]) — offenbar auf eine Revision der Staatsanwaltschaft — für befugt gehalten, dem Urteil des Vorderrichters ein idealkonkurrierendes Delikt hinzuzufügen, weil seiner Ansicht nach der Strafausspruch dennoch aufrecht zu erhalten war. Hierin sah das Reichsgericht den entscheidenden Anknüpfungspunkt an das Gesetz. Es führt aus, der Fall stehe sachlich dem gleich, daß auf eine absolut bestimmte Strafe zu erkennen sei, indem sich hier wie dort konkrete Erwägungen über das Strafmaß erübrigten. Mit dieser Begründung aber läßt sich in den Fällen, in denen nur ein Teil des Urteils endgültig klargestellt werden kann — und sie bilden die große Mehrheit —, ein Selbstentscheid des Revisionsgerichts nicht rechtfertigen.

Eine analoge Anwendung des § 354 Abs. 1 StPO muß vor allem an die Erkenntnis anknüpfen, daß jedes Urteil teilbar, daß vor allem die Schuldfrage von der Straffrage zu trennen ist. Obwohl das Gesetz in § 353 Abs. 1 StPO die Möglichkeit vorsieht, daß ein Urteil teils aufgehoben wird, teils bestehen bleibt [16]), war man sich der Bedeutung dieser Tatsache lange Jahre nicht bewußt. Der Umfang, in dem ein Urteil geteilt werden durfte und die hierfür maßgebenden Grundsätze waren völlig unerforscht.

Die Bedeutung der Teilbarkeit eines Urteils und ihr zulässiger Umfang wurden in der Folgezeit auf einem ganz anderen Gebiete

---

burg HESt 2, 19; KG JZ 1953, 6, 44; KMR-Komm. § 354 Anm. 2 a; Erbs § 354 Anm. III und Wimmer a. a. O.

[14]) Vgl. oben S. 9 ff.

[15]) RGSt 4, 179.

[16]) So schon die Motive von 1872, S. 228.

erkannt und herausgearbeitet. Es tauchte die Frage auf, ob ein Rechtsmittel, insbesondere auch die Revision auf einzelne Teile des angefochtenen Urteils beschränkt werden darf. Entsprechend dem Stande der damaligen Lehre und Rechtsprechung war das Reichsgericht ursprünglich gegen eine Beschränkung der Revision eingestellt [17]). Erst mit einer Entscheidung aus dem Jahre 1899 trat ein Wandel ein [18]). Dieses Urteil enthält den für die Zukunft richtungsweisenden Satz, daß die Beschränkung der Revision insoweit zulässig ist, als die angefochtenen Teile wegen Fehlens eines inneren Zusammenhangs rechtlich von den nicht angegriffenen Teilen losgelöst werden können und eine selbständige Prüfung gestatten [19]). In den folgenden Jahren wurden dann die Gesamtstrafe [20]), die Ersatzfreiheitsstrafe [21]), und die einzelnen Nebenstrafen [22]) als selbständig anfechtbar anerkannt. Schließlich wurde zum ersten Male die Schuldfrage von der Straffrage getrennt [23]). Innerhalb des Schuldspruchs für eine Tat gibt es keine weitere Trennung [24]), wohl aber ist der Strafausspruch in sich weiterhin teilbar [25]).

War damit gezeigt, in welchem Umfang der Beschwerdeführer einen bestimmten Teil des Verfahrensgegenstandes für das Revisionsgericht verselbständigen darf, so war gleichzeitig dargetan, inwieweit ein Urteil teilbar ist. Die gewonnenen Erkenntnisse sind nicht nur für die Beschränkung der Rechtsmittel bedeutsam. Sie geben auch Antwort darauf, inwieweit das Revisionsgericht selbst ein Urteil teilen darf. Soweit nämlich der Beschwerdeführer durch seine Erklärung die Macht hat, den Urteilsstoff mit der Wirkung zu trennen, daß das Revisionsgericht zu einem Teile von der Nachprüfung ausgeschlossen ist, muß auch dieses Gericht selbst eine Teilung vornehmen können. Es darf daher ein angefochtenes Urteil teilweise aufrechterhalten, wenn ein ablösbares Stück des Urteils zwar von dem Rechtsmittel, nicht aber von dem Rechtsfehler betroffen ist (§ 353 Abs. 1 StPO) [26]). Es ist ebenso befugt, abschließend über einen abtrennbaren Teil des Urteils zu entscheiden, wenn dieser Teil zwar fehlerhaft ist, das Gericht den Fehler jedoch endgültig klarstellen kann.

Entsprechend den Grundsätzen also, die für die Beschränkung der Revision von der Rechtsprechung herausgearbeitet worden sind,

---

[17]) Vgl. z. B. RGSt 5, 186; 22, 213; 29, 331.

[18]) RGSt 33, 17 (22).

[19]) Anklänge an diese Gedanken finden sich bereits in RGSt 22, 213 (217).

[20]) RGSt 37, 284.

[21]) RGSt 39, 393.

[22]) RGSt 42, 241.

[23]) RGSt 45, 149.

[24]) Vgl. statt vieler RGSt 65, 125.

[25]) Vgl. zu der Entwicklung im einzelnen Schneidewin in „Fünfzig Jahre Reichsgericht" S. 321 f.

[26]) Vgl. auch Löwe, Ergänzungsband zu § 353; Erbs § 353 Anm. II.

darf das Revisionsgericht insoweit durcherkennen, als der richtiggestellte Teil des Urteils eine selbständige Prüfung gestattet. Die Praxis der Revisionsgerichte verfährt entsprechend, ohne doch je den Zusammenhang dieser Fragen, auf den bereits Scheidewin hinweist [27]), ausdrücklich zu betonen.

Es finden sich nun in rascher Folge Entscheidungen der Revisionsgerichte in der Sache selbst. Mit der Ansicht, daß Schuld- und Straffrage voneinander zu trennen sind, war vor allem der Weg für die so bedeutsame Schuldspruchänderung auch in den Fällen frei, in denen keine der in § 354 Abs. 1 StPO genannten Alternativen zutraf [28]). Diese Rechtsprechung ist nach dem Kriege in verstärktem Maße wieder aufgenommen worden [29]). Das Urteil wird in diesen Fällen im Strafausspruch grundsätzlich aufzuheben sein [30]). Die Praxis — vor allem auch die des Reichsgerichts — hat es jedoch in zahlreichen Fällen bei der Schuldspruchänderung bewenden lassen und die Revision im übrigen verworfen, weil die vom Vorderrichter ausgesprochene Strafe durch die Schuldspruchänderung nicht beeinflußt worden sei [31]).

Ein Urteil ist jedoch nicht nur in Schuld- und Straffrage teilbar. Neben dem Selbstentscheid im Schuldspruch finden sich daher zahlreiche Fälle, in denen das Revisionsgericht hinsichtlich anderer Urteilsteile, die einer selbständigen Prüfung zugänglich sind, durcherkannt hat [32]). Da vor allem die Straffrage in sich weiterhin teilbar ist, sind eigene Sachentscheidungen auf diesem Gebiet häufig. Wie beispielsweise die Revision auf den Verlust der bürgerlichen Ehrenrechte beschränkt werden darf [33]), so darf auch das Revisionsgericht

---

[27]) In „Fünfzig Jahre Reichsgericht", S. 322.

[28]) Einige typische Beispiele seien genannt: RGSt 47, 372; 48, 12; 53, 189; 53, 257; 53, 279; 60, 58; 61, 265; 66, 117; 67, 419; 71, 246; 73, 129; 73, 337; 73, 343; 74, 178; 75, 25; 76, 353; RG JW 1923, 399 (Nr. 46); RG JW 1929, 257 (Nr. 14); RG HRR 1934 Nr. 1259. — Soweit ein idealkonk. Delikt wegfällt oder hinzugefügt wird, liegt keine unzulässige Teilung des Schuldspruchs vor, vielmehr wird in diesen Fällen zunächst der ganze Schuldspruch aufgehoben und dann ein neuer gefällt, wenn dieser Gedankengang auch nicht immer in Erscheinung tritt.

[29]) Vgl. OGHSt 1, 1; 1, 11; 1, 105; 1, 113; 1, 152; 1, 229; 1, 303; 2, 17; 2, 19; BGHSt 1, 152; 2, 246; 6, 357; BGH NJW 1952, 1222 (Nr. 18); 1953, 834 (Nr. 19); 1954, 609 (Nr. 19); 1955, 1327 (Nr. 19); BGH MDR 1952, 693 (Nr. 452); 1955, 52 (Nr. 24); OLG Hamburg HESt 2, 19; KG JZ 1953, 644.

[30]) So auch RGSt 66, 117; 73, 129; 73, 337; 73, 343; 76, 353; OGHSt 1, 1; 1, 105; 1, 152 BGH NJW 1952, 1222 (Nr. 18); 1953, 834 (Nr. 19); 1954, 609 (Nr. 19); 1955, 1327 (Nr. 19); OLG Hamburg HESt 2, 19; KG JZ 1953, 644.

[31]) So RGSt 53, 189; 53, 257; 53, 279; 60, 58; 61, 265; 71, 246; 74, 178; RG JW 1923, 399 (Nr. 46); RG JW 1929, 257 (Nr. 14); RG HRR 1934, Nr. 1259; OGHSt 1, 113; 1, 303; 2, 17; BGHSt 1, 152; BGH MDR 1955, 52 (Nr. 24); BGH NJW 1956, 32 Nr. 15.

[32]) Vgl. auch BGH LM Nr. 1 zu § 354 Abs. 1 StPO.

[33]) BGH NJW 1953, 1311 (Nr. 17).

selbst über diese Frage entscheiden[34]). Diese Grundsätze gelten unter anderen ferner für die Fragen der Einziehung[35]), der Abführung des Mehrerlöses[36]), der Strafaussetzung zur Bewährung[37]) und der Entziehung der Fahrerlaubnis[38]). — Schließlich darf die Revision auf die Anrechnung der Untersuchungshaft beschränkt werden[39]). Die Frage, ob das Revisionsgericht auch insoweit selbst erkennen darf, sei wegen der besonderen Problematik dieses Falles einem besonderen Abschnitt vorbehalten[40]).

Damit sind Zulässigkeit und Umfang einer analogen Anwendung des § 354 Abs. 1 StPO grundsätzlich dargetan. Vermag das Revisionsgericht einen Fehler endgültig klarzustellen, so darf es insoweit in der Sache selbst entscheiden, als der Fehler nur einen Teil des Urteils betrifft, der einer selbständigen Prüfung zugänglich ist.

Es ist daher nun zu untersuchen, unter welchen Voraussetzungen das Revisionsgericht im einzelnen in der Sache selbst entscheiden darf, wann es also befugt und in der Lage ist, einen Subsumtionsfehler endgültig klarzustellen. Diese Frage gilt es sowohl für den Schuldspruch, als auch für den Strafausspruch eingehend zu prüfen.

---

[34]) BGH a. a. O.

[35]) Bzgl. der Beschränkung der Revision: OLG Freiburg DRZ 1949, 140; bzgl. des Selbstentscheids RGSt 42, 30; 53, 248; 57, 424; BGH NJW 1955, 71 (Nr. 13).

[36]) Bzgl. der Beschränkung d. Revision: OGH MDR 1949, 118; bzgl. des Selbstentscheids: OLG Celle NdsRpfl. 1948, 663.

[37]) Bzgl. der Beschränkung d. Revision: BGH NJW 1954, 39 f.; bzgl. des Selbstentscheids: BGH NJW 1954, 39 (Nr. 16); BGH MDR 1954, 309.

[38]) Bzgl. der Beschränkung d. Revision: BayObLG NJW 1953, 353 (Nr. 18); bzgl. des Selbstentscheids: BGH MDR 1955, 117; OLG Hamburg NJW 1955, 1080 (Nr. 24).

[39]) RGSt 41, 319.

[40]) Vgl. unten Fünfter Abschnitt.

DRITTER ABSCHNITT

Selbstentscheid im Schuldspruch.

§ 4. Voraussetzungen.

1. Erschöpfende tatsächliche Feststellungen.

Von den zwei grundsätzlichen Voraussetzungen für eine Entscheidung des Revisionsgerichts in der Sache selbst[1]) bereitet das Erfordernis, daß das angefochtene Urteil nur materiellrechtlich fehlerhaft sein darf, bei der Schuldspruchänderung in analoger Anwendung des § 354 Abs. 1 StPO keine Schwierigkeiten. Das Erfordernis erschöpfender tatsächlicher Feststellungen muß dagegen gerade hier näher geprüft werden. Zwar ist auch diese Voraussetzung durchaus anerkannt[2]); praktisch wird sie jedoch in den meisten Fällen mit schon fast formelhaften Wendungen als erfüllt angesehen, ohne daß eine nähere Prüfung ersichtlich ist. Damit werden die Schwierigkeiten verkannt. Ungerechte Urteile können die Folge sein.

Es ist zu fragen, ob das Revisionsgericht überhaupt selbst abschließend beurteilen kann, in welchen Fällen die tatsächlichen Feststellungen des angefochtenen Urteils erschöpfend sind. Nehmen wir an, der Vorderrichter habe den Angeklagten auf Grund der von ihm festgestellten Tatsachen wegen Betrugs verurteilt. Das Revisionsgericht sieht jedoch zu Recht nicht die Merkmale des Betrugs, wohl aber die des Diebstahls auf Grund der festgestellten Tatsachen als erfüllt an und verurteilt demgemäß. In Wirklichkeit hat der Angeklagte auch keinen Diebstahl begangen, da eine dem Revisionsgericht unbekannte — weil in den Feststellungen des Vorderrichters nicht vorhandene — Tatsache insoweit einen Rechtfertigungsgrund darstellt. Das Urteil des Revisionsgerichts ist daher falsch, weil es die tatsächlichen Feststellungen irrig als erschöpfend angesehen hat. Solche Fälle können vorkommen, da der Vorderrichter es unterläßt, vielleicht sogar nicht in der Lage ist, den der Anklage zugrunde liegenden Vorfall in vollem Umfang aufzuklären und daher regelmäßig nur die für s e i n Urteil erheblichen Tatsachen feststellt, mag er ihren Kreis noch so weit ziehen.

Es trifft zu, daß diese Schwierigkeiten auch bei der direkten Anwendung des § 354 Abs. 1 StPO auftreten. Auch hier mag das Revi-

---

[1]) Vgl. zu diesen Voraussetzungen oben S. 5 f.

[2]) OGHSt 1, 11; 1, 19; 1, 95; 1, 249; OGH v. 31. 5. 1949 — StS 156/49; BGH NJW 1954, 240 (Nr. 15); 1954, 609 (Nr. 19); BGH MDR 1952, 693 (Nr. 452); OLG Braunschweig NdsRpfl. 1950, 93 (Nr. 3); OLG Hamm JZ 1953, 233; KG JZ 1953, 644; OLG Köln JMBl NW 1954, 27.

sionsgericht irrig annehmen, die tatsächlichen Feststellungen seien erschöpfend und daher beispielsweise unter Aufhebung des angefochtenen Urteils freisprechen, während in Wirklichkeit ein anderes Delikt begangen ist, dessen Tatsachen der Vorderrichter als für sein Urteil unerheblich nicht festgestellt hat. Damit sind die Schwierigkeiten aber nicht gelöst, vielmehr ist nur die Erkenntnis gewonnen, daß das Erfordernis erschöpfender tatsächlicher Feststellungen auch bei einer direkten Anwendung des § 354 Abs. 1 StPO ernster zu nehmen ist, als es gemeinhin geschieht.

Eigentliche Bedeutung gewinnt das Problem dennoch erst bei einer entsprechenden Anwendung des Gesetzes. Während die direkte Anwendbarkeit des § 354 Abs. 1 StPO relativ gering ist [3]), der Fehlerquelle daher kein großer Einfluß zukommt, eröffnet sich der Möglichkeit dergestalt fehlerhafter Entscheidungen bei einer entsprechenden Anwendung ein weites Feld. Demgemäß wächst die praktische Bedeutung der Frage. Vor allem wirkt sich ein eventueller Fehler bei einer direkten Anwendung des § 354 Abs. 1 StPO fast ausschließlich zugunsten des Angeklagten aus, da in der Praxis Freispruch oder Einstellung des Verfahrens die Hauptanwendungsfälle dieser Vorschrift sind [4]). Mag daher mancher Freispruch der Revisionsgerichte ungerechtfertigt sein, weil entgegen ihrer Annahme die Tatsachen nicht erschöpfend festgestellt waren, so ist dadurch kein Angeklagter benachteiligt worden. Anders liegt es bei einer analogen Anwendung des § 354 Abs. 1 StPO. Hier sind Schuldspruchänderungen zu u n gunsten des Angeklagten keine Seltenheit [5]).

Aus diesen Überlegungen ergibt sich, daß die Revisionsgerichte gerade bei analoger Anwendung des § 354 Abs. 1 StPO sorgfältig zu prüfen haben, ob die Tatsachen erschöpfend festsgestellt sind, bevor sie in der Sache selbst entscheiden. Mit bloß formelhaften Wendungen ist es nicht getan; sie verleiten nur dazu, die Frage bald gar nicht mehr zu prüfen.

Ein Rest bleibt! Auch bei sorgfältigster Prüfung wird es sich nicht ganz vermeiden lassen, daß das Revisionsgericht tatsächliche Feststellungen irrig als erschöpfend ansieht, so daß Fehler in der Sachentscheidung möglich sind. Dieses Ergebnis führt jedoch nicht dazu, eine Schuldspruchänderung grundsätzlich abzulehnen. Richtig ist zwar, daß kein Gedanke der Prozeßwirtschaftlichkeit es zu rechtfertigen vermag, daß die Ermittlung der Wahrheit, die oberstes

---

[3]) Vgl. oben S. 6.

[4]) Vgl. oben S. 6 ff. Dazu auch Hartung DRZ 1950, 220.

[5]) So RGSt 71, 205; 71, 246; 73, 343; OGHSt 1, 1; 1, 19; 1, 105; 1, 203; 1, 249; BGHSt 2, 246; OLG Oldenburg NJW 1953, 1237; OLG Braunschweig NJW 1954, 973. — Bei RGSt 71, 205 ist zu beachten, daß damals das Verbot der reformatio in peius nicht galt. Auch heute steht dieses Verbot einer nachteiligen Schuldspruchänderung nicht entgegen, vgl. oben S. 11.

Prozeßziel ist, beeinträchtigt werde, und nun gar zum Nachteil des Angeklagten. Vorbeugend tritt jedoch eine weitere Voraussetzung hinzu. Sie hängt teilweise mit dem Erfordernis der erschöpfenden tatsächlichen Feststellungen zusammen und ergibt sich aus dem § 265 StPO.

2. Hinweis auf den veränderten rechtlichen Gesichtspunkt.

Gemäß § 265 StPO darf der Angeklagte nicht auf Grund eines anderen als des im Eröffnungsbeschlusse angeführten Strafgesetzes verurteilt werden, ohne daß er zuvor auf die Veränderung des rechtlichen Gesichtspunktes hingewiesen und ihm auch insoweit Gelegenheit zur Verteidigung gegeben worden ist. Hierdurch soll eine Überraschung des Angeklagten und die Beschränkung seiner Verteidigung verhindert werden [6]). Diese Bestimmung steht bei den Vorschriften über die Hauptverhandlung in erster Instanz. Auf sie wird im Abschnitt „Revision" kein Bezug genommen [7]). Auch das Revisionsgericht kann aber, wenn es in der Sache selbst entscheidet, auf Grund eines Strafgesetzes verurteilen, auf das der Angeklagte bisher weder durch den Eröffnungsbeschluß noch in der Hauptverhandlung erster Instanz [8]) hingewiesen worden ist. Es ist daher zu prüfen, ob die Vorschrift des § 265 StPO auch im Revisionsverfahren zu beachten ist. Einerseits tritt das Revisionsgericht, soweit es selbst erkennen will, auf eine Ebene mit dem Tatrichter, so daß es auch das für diesen geltende Gebot des Hinweises befolgen müßte. Andererseits würde dem Angeklagten ein solcher Hinweis keinen unmittelbaren Nutzen bringen, da er sich ja vor dem Revisionsgericht nicht wirksam, eben mit neuen Beweisträgern, der neuen Lage gegenüber verteidigen kann. So müßte das Hervortreten des neuen Gesichtspunktes zur Zurückverweisung führen. Wie bei dem Erfordernis erschöpfender tatsächlicher Feststellungen taucht diese Frage schon bei einer direkten Anwendung des § 354 Abs. 1 StPO auf [9]). Auch hier gewinnt sie ihre Bedeutung aber aus denselben Gründen [10]) erst durch die Zulässigkeit einer analogen Anwendung des § 354 Abs. 1 StPO. Nur in diesem Zusammenhang beschäftigten sich Rechtsprechung und Literatur im allgemeinen mit ihr.

Das Reichsgericht erkennt § 265 StPO nicht als eine auch für das Revisionsverfahren zwingend vorgeschriebene Norm an, will aber

---

[6]) So zutreffend KMR-Komm. § 265 Anm. 13.

[7]) Anders für die Berufung § 332 StPO.

[8]) Auch in diesem Fall erübrigt sich ein (erneuter) Hinweis; diese Lage kann sich in der ersten Instanz nicht ergeben, so daß der Fall in § 265 StPO auch nicht geregelt ist.

[9]) So auch Wimmer S. 71 r., 75 N. 3; eine Ausnahme bilden die Fälle des Freispruchs und der Einstellung.

[10]) Vgl. oben S. 17.

ihren Grundgedanken immer beachtet wissen[11]. Diesen Grundgedanken sieht das Reichsgericht aber nicht nur dann gewahrt, wenn entweder der erforderliche Hinweis schon erfolgt ist oder er sich nach dem Inhalt des Eröffnungsbeschlusses[12] erübrigt[13], vielmehr soll § 265 StPO auch dann einem ändernden Sachentscheid nicht im Wege stehen, wenn der Angeklagte auch bei einem entsprechenden Hinweis keine neuen Tatsachen zu seiner Verteidigung würde vorbringen können[14]. So hält bereits im Jahre 1913 der Dritte Strafsenat[15] ein angefochtenes Urteil unter Heranziehung einer Vorschrift aufrecht, die im Eröffnungsbeschluß nicht aufgeführt war[16]. Das Urteil führt aus, § 265 (früher § 264) StPO habe nicht entgegengestanden, weil auch bei rechtzeitigem Hinweis auf den veränderten rechtlichen Gesichtspunkt eine andere Verteidigung des Angeklagten nicht denkbar gewesen sei. An dieser Rechtsprechung hat das Reichsgericht festgehalten[17]. Andererseits hat es die Sache an die Vorinstanz zurückverwiesen, wenn die Veränderung der rechtlichen Beurteilung außerordentlich einschneidend war, um dem Angeklagten auch insoweit Gelegenheit zur Verteidigung zu geben[18].

Der Oberste Gerichtshof für die Britische Zone hat die Rechtsprechung des Reichsgerichts im wesentlichen aufgenommen. Die Beurteilung der Tat unter einem anderen rechtlichen Gesichtspunkt soll demnach in jedem Fall zulässig sein, wenn der Angeklagte auf ihn bereits in der Anklageschrift[19] oder durch Belehrung in der Hauptverhandlung erster Instanz hingewiesen worden ist[20]. Die Vorschrift des § 265 StPO soll aber auch dann einer Sachentscheidung nicht entgegenstehen, wenn eine neue tatsächliche Verteidigung des Angeklagten ausgeschlossen erscheint[21]. Nach einem der späteren Erkenntnisse des Obersten Gerichtshofes soll jedoch nur in besonderen Ausnahmefällen so verfahren werden[22]. Auch der Oberste Gerichtshof verweist schließlich eine Sache zurück, wenn

---

[11]) Vgl. Richter S. 100 mit Nachweisen.

[12]) bzw. der Anklageschrift, die zeitweilig an die Stelle des Eröffnungsbeschlusses getreten war.

[13]) RGSt 71, 205.

[14]) Vgl. Schneidewin in „Fünfzig Jahre Reichsgericht" S. 322.

[15]) RGSt 46, 427.

[16]) Auch hierin liegt streng genommen eine Entscheidung in der Sache selbst.

[17]) RG JW 1923, 399 (Nr. 46); 1929, 257 (Nr. 14); RG HRR 1934, Nr. 1259; RGSt 68, 120; RGSt 70, 53; 76, 251.

[18]) RGSt 73, 71; 75, 52.

[19]) Die damals an die Stelle des Eröffnungsbeschlusses getreten war, der erst durch das Vereinh. G. v. 12. 9. 1950 (BGBl I S. 455) erneut eingeführt wurde.

[20]) OGHSt 1, 11; 1, 131; 1, 229; OGH v. 6. 9. 1949 — StS 106/49 (insoweit in OGHSt 2, 140 nicht abgedruckt).

[21]) OGHSt 1, 19; 1, 303; 3, 99.

[22]) OGHSt 3, 99.

er eine neue Verteidigung gegenüber dem geänderten Schuldvorwurf für möglich hält [23]).

Der Bundesgerichtshof setzt die Rechtsprechung des Obersten Gerichtshofes fort, wobei er im Einzelfall schneller als dieser geneigt ist, eine anderweitige Verteidigung des Angeklagten für ausgeschlossen zu halten [24]). Ein Studium der Entscheidungen der Oberlandesgerichte ergibt dasselbe Bild [25]).

Die Rechtsprechung der Revisionsgerichte steht somit seit jeher auf dem Standpunkt, daß der Gedanke des § 265 StPO auch im Revisionsverfahren zu beachten sei. Die Literatur stimmt dieser Auffassung zu [26]). Sie ist auch richtig. Durch die Zulässigkeit einer Sachentscheidung ist auch im Revisionsverfahren eine Überraschung des Angeklagten und die Beschränkung seiner Verteidigung durch eine andere rechtliche Beurteilung möglich. Es ist nicht ersichtlich, warum der Angeklagte in dieser Lage des Verfahrens weniger schutzwürdig sein sollte. Die Gleichheit der Interessenlagen verlangt vielmehr, daß § 265 StPO auch im Revisionsverfahren beachtet wird. Dies muß um so mehr gelten, als der ändernde Schuldspruch des Revisionsgerichts rechtskräftig wird und mit den ordentlichen Rechtsmitteln nicht mehr anfechtbar ist.

Ein voll wirksamer Schutz des Angeklagten ist aber nur möglich, wenn nicht nur der Grundgedanke des § 265 StPO berücksichtigt wird, sondern wenn diese Vorschrift auch im einzelnen als eine für das Revisionsgericht zwingend vorgeschriebene Norm angewendet wird. Ist eine Schuldspruchänderung beabsichtigt, ein Hinweis auf das nunmehr anzuwendende Strafgesetz aber weder im Eröffnungsbeschluß enthalten, noch der Angeklagte in der Hauptverhandlung entsprechend belehrt worden, so muß die Sache in jedem Fall an die Vorinstanz zurückverwiesen werden. Der abweichenden Ansicht der Praxis kann nicht gefolgt werden [27]). Ihre Auffassung, schon eine Berücksichtigung nur des Grundgedankens des § 265 StPO wahre die Rechte des Angeklagten hinreichend, ist irrig. Mit Baur [28]), der

---

[23]) OGHSt 1, 198 (202); 1, 284 (290).

[24]) BGH NJW 1953, 752 (Nr. 16); 1953, 834 (Nr. 19); 1955, 877, (Nr. 13); 1955, 1327 (Nr. 19).

[25]) OLG Braunschweig NdsRpfl 1949, 146 (Nr. 4); OLG Hamm JMBl NW 1949, 180; OLG Hamm JMBl NW 1950, 48; Bayr.ObLG 1, 374 n. F.; OLG Oldenburg NdsRpfl 1954, 92 (Nr. 7); OLG Köln JMBl NW 1954, 27 und 143.

[26]) Löwe § 354 Anm. 2 c; KMR-Komm. § 354 Anm. 2 a (a. A. noch zweite Aufl. § 354 Anm. 3); Wimmer S. 71 r.; vgl. ferner Erbs § 354 Anm. III; Hartung DRZ 1950, 220; Lüttger S. 349 r.

[27]) Nach Lüttger S. 349 r hat es zwar den Anschein, als ob der OGH bereits den hier geforderten Standpunkt vertreten habe; die oben S. 19 N. 21 angeführten Entscheidungen zeigen, daß dies nicht zutrifft. Richtig ist allerdings, daß der OGH der hier vertretenen Auffassung am nächsten steht.

[28]) Anm. zu BGH v. 16. 11. 1953-III ZR 158/52 und BGH v. 10. 12. 1953-IV ZR 48/53 in JZ 1954, 327 (letzter Absatz).

zu ähnlichen Fragen des Zivilprozeßrechts Stellung nimmt, ist zu sagen, daß es riskant ist, in einem Prozeß den Propheten zu spielen! Nicht mehr und nicht weniger geschieht aber in den meisten der angeführten Urteile, wenn sie — in der Regel ohne nähere Begründung — behaupten, eine andere Verteidigung des Angeklagten gegenüber dem veränderten rechtlichen Gesichtspunkt sei ausgeschlossen.

Einige Beispiele seien herausgegriffen. Das Reichsgericht [29]) verurteilt in einem Fall den Beschwerdeführer statt wegen Beihilfe zum versuchten Diebstahl des Haupttäters wegen Beihilfe zu dessen versuchtem Betruge. Die Tatbestände des Diebstahls und des Betrugs — und entsprechend die der Beihilfe dazu — sind aber nach ihrer äußeren und inneren Tatseite so verschieden, daß eine Verteidigung, die sich auf den Vorwurf der Beihilfe zum versuchten Diebstahl eingerichtet hat, grundsätzlich anders gestaltet ist als eine Verteidigung, die sich gegen den Vorwurf der Beihilfe zum versuchten Betruge richtet. Der Angeklagte hatte aber keine Veranlassung, sein Vorbringen auch auf diesen Gesichtspunkt auszurichten, da die Tat ihm hierunter nicht zur Last gelegt worden war.

Gleiche Bedenken lassen sich gegenüber einer Entscheidung des Bayrischen Obersten Landesgerichts [30]) geltend machen. Hier hebt das Gericht eine Verurteilung wegen § 114 StGB auf und spricht stattdessen aus § 113 StGB schuldig. Eine Verteidigung gegen so speziell ausgestalteten Tatbestand des § 113 StGB wird aber in der Regel anders aussehen als ein Vorbringen gegenüber dem Vorwurf aus § 114 StGB. Hier spielt beispielsweise die Frage der Rechtsmäßigkeit der Amtausübung keine Rolle [31]), während sie im Rahmen des § 113 StGB von großer Bedeutung ist. Dem Angeklagten die Möglichkeit zu nehmen, sich hierzu zu äußern, kann nicht rechtens sein.

In einer neueren Entscheidung schließlich ändert der Bundesgerichtshof [32]) eine Verurteilung wegen Raubes in eine solche wegen räuberischer Erpressung um. Auch hier leuchtet es nicht ein, wieso eine Verteidigung, die sich bisher ausschließlich gegen den Vorwurf gewaltsamer Wegnahme zu wenden hatte, nicht zu neuem Vorbringen in der Lage sein solle, wenn es nunmehr darum geht, ob das Opfer die Sache — unfreiwillig — herausgegeben hat.

Diese und ähnliche Gedanken lassen sich in fast allen Fällen vorbringen, in denen trotz Unterbleibens eines Hinweises gemäß § 265 StPO davon abgesehen wird, die Sache an den Vorderrichter zu-

---

[29]) RG JW 1923, 399 (Nr. 46).
[30]) BayObLG 1, 374 n. F.
[31]) Vgl. Schwarz StGB § 114 Anm. 2.
[32]) BGH NJW 1955, 877 (Nr. 13).

rückzuverweisen. Mag auch bei einer Zurückverweisung das Ergebnis meistens kein anderes sein — und dies scheint der letzte Grund für die gegenteilige Rechtsprechung zu sein —; die Möglichkeit, daß dies im gerade zu entscheidenden Fall anders sein wird, läßt sich aber nur ganz selten ausschließen.

Zuzugeben ist, daß Ausnahmen denkbar sind. Es kommen hierbei vor allem die Fälle in Betracht, in denen der Angeklagte seine Verteidigung ganz offensichtlich auch schon auf das nunmehr angewendete Strafgesetz eingerichtet hatte, sei es, daß er selbst bereits in der Vorinstanz Verurteilung aus diesem Gesichtspunkt beantragt hatte [33]), sei es, daß er die Revision gerade mit dem Ziele eingelegt hat, eine Änderung des Urteils in der von dem Revisionsgericht beabsichtigten Weise zu erreichen [34]). Grundsätzlich jedoch ist festzuhalten, daß die Sache an den Vorderrichter zurückverwiesen werden muß, wenn der Angeklagte weder auf den veränderten rechtlichen Gesichtspunkt hingewiesen ist noch ein solcher Hinweis sich nach dem Inhalt des Eröffnungsbeschlusses erübrigt.

Dieser Ansicht läßt sich nicht mit Erfolg entgegenhalten, das Gesetz selbst gehe davon aus, daß der Revisionsrichter beurteilen könne, ob der Angeklagte wegen der Veränderung des rechtlichen Gesichtspunktes in seiner Verteidigung beschränkt gewesen sei. Richtig ist, daß ein Verstoß des Tatrichters nur dann zur Aufhebung des Urteils führt, wenn es auf diesem Fehler beruht (§ 337 StPO). Aber Verstoß bleibt Verstoß. Gerade das Revisionsgericht sollte sich am meisten von ihm fernhalten. Mag es noch angehen, daß es eine Verletzung des § 265 StPO durch den Tatrichter für unschädlich erklären darf, so ist es doch nicht berechtigt, denselben Verstoß selbst offenen Auges zu begehen. Übrigens läßt sich die Möglichkeit, daß das Urteil auf dem Fehler beruht, gerade bei Verstößen gegen § 265 StPO nur ganz selten ausschließen. Freilich ist auch hier die Rechtsprechung recht großzügig. Das ist zwar konsequent, aber aus denselben Gründen wie bei der eigenen Sachentscheidung abzulehnen. Diese Rechtsprechung ist auch keineswegs unangefochten [35]). Mit diesem Einwand läßt sich daher nicht weiterkommen. Im Ergebnis decken sich vielmehr die Fälle, in denen das Revisionsgericht nach sorgfältiger Prüfung das Beruhen des Urteils auf dem Verstoß verneinen darf, mit den oben eingeräumten Ausnahmen, bei denen ein ändernder Sachentscheid des Revisionsgerichts zulässig ist, weil der Angeklagte sich mit seiner Verteidi-

[33]) Vgl. OLG Hamm JMBl 1949, 180.

[34]) Diese Feststellungen haben im Gegensatz zu der Behauptung, der Angeklagte würde sich nicht anders verteidigen können, Tatsachen zum Gegenstand und sind daher keine Prophetie.

[35]) Starke Bedenken meldet z. B. Eberhard Schmidt, Lehrkomm. § 265 Note 26 an.

gung ersichtlich auch schon auf diesen rechtlichen Gesichtspunkt eingerichtet hatte [36]).

Selbstverständlich ist § 265 StPO auch im Revisionsverfahren nur in dem für die tatrichterliche Instanz geltenden Umfang anzuwenden. Da vor allem in der Hauptverhandlung erster Instanz kein entsprechender Hinweis erforderlich ist, wenn lediglich eines von mehreren idealkonkurrierenden Delikten wegfällt [37]), braucht auch das Revisionsgericht die Sache dann nicht zurückzuverweisen, wenn die beabsichtigte Schuldspruchänderung lediglich im Wegfall eines von mehreren idealkonkurrierenden Delikten besteht.

Es bleibt noch darzutun, daß eine strenge Anwendung des § 265 StPO eine Benachteiligung des Angeklagten in jedem Fall verhindert, obwohl der Revisionsrichter nicht mit letzter Sicherheit beurteilen kann, ob die tatsächlichen Feststellungen des angefochtenen Urteils erschöpfend sind [38]). Wird die Sache an den Vorderrichter zurückverwiesen, weil die Möglichkeit einer neuen Verteidigung nicht auszuschließen ist, so fallen der eigene Sachentscheid des Revisionsgerichts und damit die noch gegen ihn bestehenden Bedenken weg. Entscheidet das Revisionsgericht aber in der Sache selbst, weil der Angeklagte entweder auf den veränderten Gesichtspunkt schon hingewiesen ist oder sich ein solcher Hinweis nach dem Inhalt des Eröffnungsbeschlusses erübrigt, so war der dazugehörige Tatsachenkomplex auch Gegenstand der Urteilsfindung in der Vorinstanz. Der Vorderrichter hat nämlich in seinem Urteil sowohl den Eröffnungsbeschluß auszuschöpfen, als auch dazu Stellung zu nehmen, warum eine Verurteilung entgegen einer Belehrung nach § 265 StPO unterblieben ist [39]). Damit aber sind mögliche Fehler, die sich ergeben können, weil der Vorderrichter nur die für s e i n Urteil notwendigen Tatsachen ermittelt [40]), hier ausgeschlossen. Zumindest ist der Angeklagte nicht benachteiligt, denn er hatte Gelegenheit, sein tatsächliches Vorbringen auch den Strafvorschriften anzupassen, aus denen das Revisionsgericht nunmehr verurteilen will. Die Bedenken, die gegen einen Sachentscheid des Revisionsgerichts im Schuldspruch noch geblieben waren, verflüchtigen sich daher, wenn die Voraussetzungen des § 265 StPO streng eingehalten werden.

Zusammenfassend ist zu sagen: eine Schuldspruchänderung ist nur zulässig, wenn die tatsächlichen Feststellungen erschöpfend

---

[36]) Vgl. hierzu BGHSt 2, 250.

[37]) Vgl. KMR-Komm. § 265 Anm. 6; Erbs § 265 III 5 mit Nachweisen.

[38]) Vgl. oben S. 17 f. — Der enge Zusammenhang beider Voraussetzungen erhellt. Ist die Verteidigung möglicherweise in der Lage, neue Tatsachen vorzubringen, so sind die tatsächlichen Feststellungen des Urteils noch nicht vollständig.

[39]) So auch Kroschel S. 68.

[40]) Vgl. oben S. 16.

sind und § 265 StPO beachtet ist. Es ist im Einzelfall sorgfältig zu prüfen, ob diese Voraussetzungen erfüllt sind. Ihre großzügige Annahme mit schon fast formelhaften Wendungen kann nicht gebilligt werden. Eine neue Hauptverhandlung, auch wenn sie aller Voraussicht nach zu demselben Ergebnis führt, ist eher in Kauf zu nehmen als eine Entscheidung, die auf Grund von Tatsachen, die dem Revisionsrichter nicht bekannt sind, möglicherweise falsch und unter Verletzung der Rechte des Angeklagten zustande gekommen ist. Schließlich kommen auch nach der hier vertretenen Ansicht prozeßwirtschaftliche Gedanken im Rahmen des Gesetzes nicht zu kurz; zulässige Schuldspruchänderungen sind nach ihr keineswegs selten. Der Überblick über die Rechtsprechung [41]) hat gezeigt, daß die Fälle, in denen ein Hinweis nach § 265 StPO bereits geschehen ist oder sich nach dem Inhalt des Eröffnungsbeschlusses erübrigt, relativ zahlreich sind. Das ist auch verständlich. Die abweichende Rechtsansicht des Revisionsgerichts bringt nicht regelmäßig neue Gesichtspunkte; oft stützt sie sich auch auf Gedanken, die bereits im Verfahren vor dem Tatrichter ausgesprochen wurden, wenn dieser sie auch im Ergebnis verworfen hatte. Überdies darf, wie dargetan, ein idealkonkurrierendes Delikt ohne einen entsprechenden Hinweis gestrichen werden [42]). Gerade diese Fälle machen einen großen Teil der möglichen Schuldspruchänderungen aus.

§ 5. Anwendungsfälle.

Eine Schuldspruchänderung in analoger Anwendung des § 354 Abs. 1 StPO kommt in der Rechtsprechung in vier Gruppen von Fällen vor [43]):

> das Revisionsgericht kann erstens ein rechtsirrig angenommenes Delikt ersatzlos streichen;
>
> es kann zweitens ein rechtsirrig angewendetes Strafgesetz gegen ein anderes — milderes oder schwereres — auswechseln;
>
> es kann dem Schuldspruch drittens ein zusätzlich begangenes Delikt hinzufügen;
>
> in einzelnen Fällen haben die Revisionsgerichte schließlich den Angeklagten unter Aufhebung eines rechtsirrigen Freispruchs oder einer rechtsirrigen Einstellung selbst verurteilt.

Hinsichtlich der drei ersten Gruppen ist nicht viel nachzutragen. Während für die Fälle der Auswechslung und Hinzufügung eines Delikts die herausgearbeiteten Voraussetzungen streng zu beachten

---

[41]) Vgl. oben S. 18 ff.

[42]) Vgl. oben S. 23.

[43]) Ähnlich Lüttger S. 348 f., der aber den Fall des Teilfreispruchs bzw. der Teileinstellung bei Wegfall eines realkonk. Delikts als direkte Anwendung des § 354 Abs. 1 StPO ansieht.

sind, gilt dies bei dem ersatzlosen Wegfall eines Delikts bezüglich des Hinweises auf den veränderten rechtlichen Gesichtspunkt nicht [44]). Entscheidungen dieser Gruppe sind sehr zahlreich [45]). Sie entsprechen in besonders begrüßenswerter Weise dem Bestreben, überflüssige Neuverhandlungen zur Schuldfrage zu vermeiden [46]). Wird ein realkonkurrierendes Delikt gestrichen, muß insoweit selbstverständlich freigesprochen beziehungsweise eingestellt werden.

Recht häufig wird auch eine Strafbestimmung durch eine andere ersetzt. Hierbei [47]) kann es sich sowohl um die Auswechslung von Vorschriften des allgemeinen Teils [48]), als auch des besonderen Teils (einschließlich des Nebenstrafrechts) [49]), als auch beider Teile zugleich handeln [50]). Die Beispiele zeigen, daß dabei vor allem das Reichsgericht, aber auch der Bundesgerichtshof vergleichsweise selten eine mildere Vorschrift durch eine strengere ersetzt haben. Es zeigt dies die Tendenz dieser Gerichte, den Schuldspruch zum Nachteile des Angeklagten nur mit Zurückhaltung zu ändern. Sie haben dieses Bestreben im Ergebnis allerdings nicht konsequent durchgeführt, da sie in vielen Fällen verkannt haben, daß der Angeklagte entgegen ihrer Ansicht sehr wohl benachteiligt worden ist oder ein solcher Nachteil zumindest drohte. Diese Frage hat uns bereits bei den Voraussetzungen einer Schuldspruchänderung beschäftigt [51]). Sie wird uns in anderer Gestalt beim Selbstentscheid des Revisionsgerichts im Strafausspruch erneut begegnen. Der

---

[44]) Vgl. oben S. 23.

[45]) RGSt 47, 372; 53, 189; 53, 257; 53, 279; 60, 58; 74, 166; 74, 178; 74, 266; 74, 309; 75, 25; RG JW 1923, 397; RG JW 1925, 487; RG Urt. v. 7. 1. 1936-1 D 603/35; RG Urt. v. 30. 7. 1936-2 D 428/36; OGHSt 1, 113; 1, 161 = MDR 1949, 118; OGHSt 2, 17; OGH Beschl. v. 29. 1. 1949-StS 15/49; OGH Urt. v. 14. 6. 1949-StS 8/49 (teilw. abgedr. in OGHSt 2, 82); OGH v. 5. 11. 1949-StS 439/49; OGH v. 20. 3. 1950-StS 372/49; OGH v. 20. 6. 1950-StS 333/49; BGHSt 1, 152; BGHSt 6, 357; BGH NJW 1954, 241 Nr. 16; BGH NJW 1954, 320 Nr. 12; BGH NJW 1954, 609 Nr. 19; BGH NJW 1955, 1366 Nr. 19; BGH NJW 1955, 1405 Nr. 19; BGH MDR 1951, 628; BGH MDR 1952, 180; BGH MDR 1952, 693; BGH MDR 1955, 121.

[46]) Ob sie sämtlich auch bezgl. des Strafausspruchs befriedigen, bleibt später noch zu erörtern.

[47]) So auch Lüttger S. 349.

[48]) RGSt 61, 265; 66, 117; 73, 129; 73, 337; 75, 346; 76, 353; OGHSt 1, 19; 1, 105; 1, 203; 1, 303; OGH Urt. v. 20. 6. 1949-StS 184/49; OGH Beschl. v. 22. 2. 1949-StS 47/49; BGHSt 2, 246.

[49]) RGSt 61, 341; 67, 419; 73, 287; 73, 343; 75, 318; RG JW 1923, 399 Nr. 46; RG JW 1927, 389 Nr. 21; RG JW 1929, 257 Nr. 14; RG HRR 1934, Nr. 1259; OGHSt 1, 11; 2, 19; 3, 99; OGH Urt. v. 6. 9. 1949-StS 106/49; BGH NJW 1952, 1222 Nr. 18; BGH NJW 1953, 633 Nr. 22; BGH NJW 1953, 834 Nr. 19; BGH NJW 1955, 877 Nr. 13; BGH MDR 1955, 52 Nr. 54; BGH JR 1953, 109.

[50]) Vgl. z. B. OGHSt 1, 133; OGH Urt. v. 6. 12. 1949-StS 284/49 (teilw. abgedr. OGHSt 2, 285); BGH NJW 1955, 1327 Nr. 19.

[51]) Vgl. oben S. 20 ff.

Oberste Gerichtshof für die Britische Zone hingegen, der auf der einen Seite Voraussetzungen und Umfang der Entscheidung in der Sache selbst strenger beachtet hat als das Reichsgericht und der Bundesgerichtshof [52]), hat auf der anderen Seite weniger davor zurückgeschreckt, seine Rechtsauffassung auch zum Nachteil des Angeklagten anzuwenden.

Um einen Sonderfall der Auswechslung von Vorschriften handelt es sich schließlich, wenn eine rechtsirrige eindeutige Verurteilung durch eine Wahlfeststellung ersetzt wird [53]) oder umgekehrt eine Wahlfeststellung durch eine eindeutige Verurteilung [54]).

Mit der Tendenz, den Schuldspruch nur mit Zurückhaltung zum Nachteil des Angeklagten zu ändern, stimmt überein, daß die Hinzufügung eines weiter in Idealkonkurrenz verletzten Strafgesetzes ebenfalls sehr selten ist [55]). Auch hier macht allerdings der Oberste Gerichtshof für die Britische Zone eine Ausnahme. Er hat mehrmals Verbrechen gegen die Menschlichkeit [56]), aber auch Delikte des deutschen Strafrechts [57]) hinzugefügt, die der Vorderrichter rechtsirrig nicht angenommen hatte.

Ein Fall, in dem das Revisionsgericht ein prozeßbefangenes realkonkurrierendes Delikt hinzugefügt hat, läßt sich nicht finden. Denkbar wäre es bei dem Begriff der Tat im prozessualen Sinn durchaus.

Selbstverständlich können — vor allem bei mehreren abzuurteilenden Taten — Schuldspruchänderungen der verschiedenen Gruppen zusammentreffen, so daß der Schuldspruch völlig umgestaltet und neugefaßt werden muß [58]).

§ 6. Insbesondere: Verurteilung unter Aufhebung eines rechtsirrigen Freispruchs oder einer rechtsirrigen Einstellung.

Eine Durchsicht der Rechtsprechung aller Revisionsgerichte läßt schließlich nur einige wenige Fälle finden, in denen ein Revisionsgericht den Angeklagten unter Aufhebung eines rechtsirrigen Freispruchs selbst schuldig gesprochen hat. Diese Möglichkeit mutet auf den ersten Blick erstaunlich an. Es handelt sich hier um die direkte Umkehr der in § 354 Abs. 1 StPO vorgesehenen Möglichkeit,

---

[52]) Vgl. oben S. 19 f. und unten Vierter Abschnitt.

[53]) Vgl. Lüttger S. 349. — Die dort Note 20 zitierte Entscheidung des OGH ist teilweise in OGHSt 2, 89 abgedruckt. Vgl. jetzt auch BGH NJW 1955, 1407 Nr. 23.

[54]) OLG Braunschweig NdsRpfl 1955, 178 Nr. 4.

[55]) Vgl. z. B. RGSt 71, 246.

[56]) Vgl. z. B. OGHSt 1, 1; 1, 203; 1, 229 (bezgl. d. Angekl. L u. G.); OGH Urt. v. 22. 2. 1949-StS 89/48 (teilw. abgedr. OGHSt 1, 310); OGH Urt. v. 31. 5. 1949-StS 156/49 (teilw. abgedr. OGHSt 2, 69).

[57]) Vgl. OGHSt 1, 152 (Fall 1—4); OGH v. 18. 4. 1950-StS 490/49 (teilw. abgedr. OGHSt 3, 14).

[58]) Vgl. z. B. OGHSt 1, 152; OGH v. 6. 2. 1950-StS 329/49.

daß das Revisionsgerichts eine Verurteilung des Vorderrichters in einen Freispruch umwandelt. Diese Art der Schuldspruchänderung, die vereinzelt abgelehnt wird [59]), hat uns nunmehr zu beschäftigen.

Ein Fall, in dem das Reichsgericht einen Freispruch des Angeklagten aufgehoben und den Angeklagten selbst schuldig gesprochen hat, scheint nicht vorgekommen zu sein. Dieses Ergebnis wird von Hartung, einem Mitglied des Reichsgerichts, bestätigt. Er stellt fest, daß sich dieses Gericht niemals zu einer solchen Entscheidung für befugt gehalten habe [60]). Der Oberste Gerichtshof für die Britische Zone hat jedoch von dieser Möglichkeit einer entsprechenden Anwendung des § 354 Abs. 1 StPO einige Male Gebrauch gemacht [61]). Hierbei fällt auf, daß diese Erkenntnisse teilweise in Beschlußform gefaßt sind, weil das Gericht die Revision als offensichtlich begründet angesehen hatte. Die Möglichkeit, in einem solchen Fall durch Beschluß zu entscheiden, war nach der damaligen Gesetzeslage (§ 349 a. F. StPO) gegeben [62]). — Der Bundesgerichtshofes hat, soweit ersichtlich, bisher in einem Falle eine Verurteilung an die Stelle eines rechtsirrigen Freispruchs gesetzt [63]). Die Oberlandesgerichte Köln [64]), Frankfurt [65]) und Oldenburg [66] haben — sämtlich in den letzten Jahren — ebenfalls den § 354 Abs. 1 StPO in je einem Fall in dieser Weise entsprechend angewandt.

Sowohl die Entscheidung des Bundesgerichtshofes, als auch die der genannten Oberlandesgerichte sind bisher in Rechtsprechung und Literatur unbeachtet geblieben. Die Kritik richtet sich ausschließlich gegen die Erkenntnisse des Obersten Gerichtshofes für die Britische Zone. Diese haben vor allem deshalb Aufmerksamkeit erregt, weil es sich bei ihnen um schwerste Vorwürfe — Verbrechen gegen die Menschlichkeit — handelte, ferner die freisprechenden Urteile der Schwurgerichte teilweise durch einfachen Beschluß abgeändert worden sind.

---

[59]) Schwarz StPO § 354 Anm. 2 C; Hartung DRZ 1950, 220; vgl. auch Niese JuV 1950, 77 f.; Hülle NJW 1952, 411; ferner OLG Braunschweig NJW 1950, 36 Nr. 14, das die Frage allerdings letztlich offen läßt.

[60]) Hartung DRZ 1950, 220.

[61]) OGH MDR 1948, 303; OGH Beschl. v. 30. 5. 1949-StS 191/49; OGH Urt. v. 21. 6. 1949-StS 17/49; OGH Beschl. v. 26. 11. 1949-StS 458/49 (zit. bei Hartung a. a. O.).

[62]) Sie ist — nachdem sie erst im Jahre 1946 eingeführt worden war — durch das Vereinheitl. Ges. v. 12. 9. 1950 (BGBl. I S. 455) wieder beseitigt worden.

[63]) BGH NJW 1952, 1263 Nr. 13 — zutreffend rügt die StA hier neben Verletzung sachl. Rechts (§ 73 StGB) auch Verstoß gegen § 260 Abs. 3 StPO, da der Vorderrichter von seinem Standpunkt aus nicht hätte freisprechen dürfen, sondern das Verfahren hätte einstellen müssen; vgl. Kern S. 81.

[64]) JMBl NW 1952, 14.

[65]) NJW 1953, 1362 Nr. 32 (1363 f.).

[66]) NdsRpfl 1954, 116.

Soweit die Bedenken sich gegen die Beschlußform wenden [67]), können sie im Rahmen dieser Arbeit außer Betracht bleiben. Zudem steht das geltende Recht wieder zutreffend auf dem Standpunkt, daß einer Revision nur durch Urteil stattgegeben werden darf (§ 349 StPO). Soweit die Kritiker die Analogie zu § 354 Abs. 1 StPO für verfehlt halten, ist ihnen im Ergebnis recht zu geben. Ihre Gründe vermögen jedoch nicht zu überzeugen.

Wenn Schwarz [68]) meint, dem Revisionsgericht fehlten in einem solchen Fall die tatsächlichen Feststellungen zur Verurteilung seinerseits, so kann dem in dieser Grundsätzlichkeit nicht beigestimmt werden. Richtig ist zwar, daß eine Schuldspruchänderung nicht in Betracht kommt, wenn der Angeklagte freigesprochen wird, weil er für nicht überführt erachtet worden ist [69]). Das Revisionsgericht darf nicht in die Überzeugungsfreiheit des Tatrichters eingreifen und Tatsachen im Wege eigener Beweiswürdigung feststellen [70]). Anders ist die Lage jedoch, wenn freigesprochen wird, weil die als erwiesen angesehene Tat rechtsirrig nicht für strafbar erachtet wird. Es trifft zwar zu, daß in diesen Fällen an die tatsächlichen Feststellungen in den Urteilsgründen geringere Anforderungen gestellt werden als bei einer Verurteilung. Das besagt aber nichts dagegen, daß der Tatrichter den Sachverhalt im Einzelfall doch so erschöpfend darstellt, daß er bei richtiger Subsumtion die Grundlage der Verurteilung bilden kann. Freisprechende Erkenntnisse, in denen der Vorderrichter sich in den Urteilsgründen ausführlich mit der ganzen Tat sowohl nach ihrer äußeren als auch nach ihrer inneren Seite auf Grund erschöpfender tatsächlicher Feststellungen befaßt, sind keineswegs selten.

Hartung [71]) hält eine solche Ausdehnung des § 354 Abs. 1 StPO im wesentlichen deshalb für unzulässig, weil nur der Tatrichter einen Angeklagten verurteilen können soll. Er führt dazu aus, nur der Tatrichter habe die Gesamtheit des Prozeßstoffes vor sich abrollen und alle Beteiligten von Angesicht zu Angesicht gesehen, nur er habe einen unmittelbaren Eindruck gewonnen. Auch diese Gründe können nicht überzeugen. Sicher spielen die genannten Momente eine große Rolle für die Frage, ob der Angeklagte als überführt anzusehen ist. Richtig ist ferner, daß der persönliche Eindruck, den der Tatrichter in der Hauptverhandlung von dem Angeklagten gewonnen hat, für die Strafzumessung von erheblicher Wichtigkeit ist. Für die rein rechtliche Subsumtion der vollständig

---

[67]) So teilw. Hartung DRZ 1950, 220; ferner Niese JuV 1950, 77 f.; Hülle NJW 1952, 411.

[68]) StPO § 354 Anm. 2 C.

[69]) Vgl. § 267 Abs. 5 StPO.

[70]) Vgl. auch Wimmer DRZ 1950, 396.

[71]) DRZ 1950, 220.

und fehlerfrei festgestellten Tatsachen unter das Strafgesetz sind diese Momente jedoch nicht von Bedeutung. Nur darum aber geht es hier, zumal da die Revisionsgerichte sich auf die bloße Verurteilung beschränken und die Sache zur Straffestsetzung an die Vorinstanz zurückverweisen.

Gegen die Rechtsprechung läßt sich ferner nicht einwenden, daß als ihre Folge Wiederaufnahmeverfahren gegenüber dem rechtskräftigen Schuldspruch für zulässig erachtet worden sind [72]). Diese Folge mag, wenn man sie überhaupt ziehen darf, unerfreulich sein [73]); die Zulässigkeit einer erstmaligen Verurteilung durch das Revisionsgericht vermag sie nicht zu berühren.

Die Kritik an den Entscheidungen des Obersten Gerichtshofes für die Britische Zone ist schließlich dadurch hervorgerufen worden, daß es sich hierbei jeweils um Verurteilungen wegen Verbrechens gegen die Menschlichkeit gehandelt hat. So sehr dieser Umstand die Bedeutung des Problems ins Blickfeld rückt, so wenig sagt er über die Zulässigkeit der Rechtsprechung etwas aus. Ist nämlich eine erstmalige Verurteilung durch das Revisionsgericht an sich bedenkenfrei, so ist es unerheblich, ob materiell-rechtlich eine Übertretung, ein Vergehen oder ein Verbrechen Gegenstand des Verfahrens ist.

Da auch die allgemeinen Voraussetzungen einer Schuldspruchänderung durchaus gegeben sein können, scheint nach unseren bisherigen Überlegungen nichts gegen eine Verurteilung durch das Revisionsgericht unter Aufhebung eines rechtsirrigen Freispruchs einzuwenden zu sein. Ein Beispiel mag dies verdeutlichen. Nehmen wir an, der wegen Diebstahls angeklagte Täter ist rechtsirrig freigesprochen worden, weil der Tatrichter den Begriff des Gewahrsams verkannt hat. In den Urteilsgründen wird ausgeführt, der Angeklagte habe zwar eine fremde bewegliche Sache in rechtswidriger Zueignungsabsicht an sich genommen. Das sei jedoch keine Wegnahme im Sinne des Gesetzes gewesen, da kein Gewahrsam eines Dritten bestanden habe. Richtiger Auffassung nach hat jedoch jemand Gewahrsam an der Sache gehabt. Die Staatsanwaltschaft legt nun gegen dieses Urteil Revision ein und rügt die Verletzung sachlichen Rechts. Die erste Voraussetzung einer Schuldspruchänderung durch das Revisionsgericht — nur materiellrechtlicher Fehler — ist gegeben. Auch die tatsächlichen Feststellungen werden in diesem Fall zu einer Verurteilung wegen Diebstahl ausreichen. Schließlich ist auch der Vorschrift des § 265 StPO genügt, da die Tat dem An-

---

[72]) So OLG Braunschweig NJW 1950, 36 Nr. 14 mit zust. Anm. v. Cüppers; bejahend auch Niese JuV 1950, 77; a. A. OLG Hamm JMBl NW 1951, 114; OLG Düsseldorf JMBl NW 1954, 229.

[73]) So Hartung DRZ 1950, 220.

geklagten bereits im Eröffnungsbeschluß unter diesem rechtlichen Gesichtspunkt zur Last gelegt worden war [74]).

Dennoch sind gegen diese Rechtsprechung entscheidende Bedenken zu erheben. Sie sind verfahrensrechtlicher Natur und ergeben sich aus der verschiedenen Rechtslage, in der sich ein freigesprochener Angeklagter gegenüber einem verurteilten hinsichtlich der Möglichkeit befindet, Revision einzulegen. Ein Beispiel sei auch hier erlaubt: Der Angeklagte ist vor der großen Strafkammer wegen Betrugs und Urkundenfälschung angeklagt. Er lehnt in der Hauptverhandlung den Richter X zu Recht wegen Befangenheit ab. Sein entsprechender Antrag wird jedoch rechtsirrig abgelehnt. Der Angeklagte wird wegen Betruges verurteilt, wobei das Urteil auf dem Verfahrensverstoß beruht. Die Staatsanwaltschaft legt nun Revision ein mit dem Ziele, daß der Angeklagte auch wegen Urkundenfälschung schuldig gesprochen werde. Der Angeklagte hingegen rügt mit seiner Revision, daß sein Ablehnungsgesuch zurückgewiesen worden ist [75]). Das Revisionsgericht erachtet auf Grund der tatsächlichen Feststellungen zwar auch die Urkundenfälschung für gegeben, sieht sich aber an einer entsprechenden Schuldspruchänderung durch die erfolgreiche Verfahrensrüge des Angeklagten gehindert. Es hebt daher das Urteil insgesamt auf und verweist die Sache zur anderweitigen Verhandlung und Entscheidung zurück. Die neue Hauptverhandlung in anderer Besetzung ergibt wesentlich andere tatsächliche Feststellungen, worauf der Angeklagte freigesprochen wird.

Nehmen wir nun an, die Strafkammer hätte bei ihrer ersten Verhandlung der Sache unter Mitwirkung des mit Recht abgelehnten Richters dieselben Fehler in der Ermittlung der Tatsachen begangen, wäre dann aber doch — hinsichtlich des von ihr festgestellten Sachverhalts — aus irrigen Rechtsgründen zum vollständigen Freispruch gelangt. Hier ist eine Revision des Angeklagten, mit der er die Verletzung formellen Rechts rügen will, mangels Beschwer nicht zulässig. Die Staatsanwaltschaft ist jedoch nicht gehindert, ihrerseits Revision einzulegen mit dem Ziele, eine Bestrafung wegen Betrugs und Urkundenfälschung zu erreichen. Entscheidungsgrundlage für das Revisionsgericht ist nunmehr lediglich das erstinstanzliche Urteil in Verbindung mit der sachlichrechtlichen Rüge. Ein Blick in das Sitzungsprotokoll — wie überhaupt in die Akten — ist ihm bei seiner Nachprüfung verschlossen. Selbst wenn es ihn täte, wäre es nicht berechtigt, ohne entsprechenden (zulässigen!) Antrag einzugreifen (§ 352 StPO). Der Verfahrensverstoß der Kammer, der das Urteil fehlerhaft bleiben läßt, auch wenn das Gesetz auf den fest-

---

[74]) Eine Verurteilung aus einem anderen Strafgesetz — im Beispielsfall etwa aus § 246 StGB — kommt allerdings nur in Betracht, falls der Angeklagte in der Hauptverhandlung entsprechend belehrt worden ist.

[75]) Vgl. § 28 Abs. 2 StPO.

gestellten Sachverhalt richtig angewendet wird, bleibt daher unberücksichtigt. Nach Lage der Dinge muß das Revisionsgericht vielmehr, da alle Voraussetzungen gegeben sind, unter Aufhebung des Freispruchs zu einer rechtskräftigen Verurteilung wegen Betrugs und Urkundenfälschung gelangen. Diese Verurteilung aber ist gesetzwidrig da sie auf einem Verfahrensverstoß beruht.

Ähnliche Fälle lassen sich zahlreich bilden. In Frage kommen neben der Zurückweisung des Ablehnungsgesuchs vor allem die irrige Ablehnung eines Beweisantrags, die unzulässige Vereidigung oder Nichtvereidigung von Zeugen, die unzulässige Verlesung von Protokollen und ein Verstoß gegen das Verwertungsverbot des § 252 StPO.

Das Beispiel zeigt: der Angeklagte, der in der letzten Tatsacheninstanz verurteilt worden ist, hat die Möglichkeit, sich gegen etwa begangene Verfahrensverstöße, auf denen das Urteil beruht, erfolgreich mit einer entsprechend begründeten Revision zu wenden. Der Angeklagte aber, der nach denselben Verfahrensverstößen freigesprochen worden ist, kann mangels Beschwer keine zulässige Revision einlegen, also auch keine Verfahrensverstöße zur Geltung bringen. Wenn jetzt das Revisionsgericht auf Sachrüge der Staatsanwaltschaft — oder des Nebenklägers — die Freisprechung in eine Verurteilung verwandeln wollte, so würde diese auf den Verfahrensverstößen beruhen, ohne daß der Angeklagte ihr fehlerhaftes Zustandekommen rügen könnte. Die Möglichkeit, daß in der unteren Instanz irgendwelche Verfahrensverstöße begangen sind, die im Falle einer Verurteilung wirksam hätten gerügt werden können, läßt sich niemals ausschließen. Es wäre unbillig, auch nur angesichts dieser Möglichkeit in der Revisionsinstanz eine Verurteilung auszusprechen. Damit würde der Angeklagte eines wichtigen Rechts beraubt. Dem Revisionsgericht, das eine Freisprechung nicht bestehen lassen will, bleibt also nichts anderes übrig, als daß es die Sache zu neuer Entscheidung an die Vorinstanz zurückverweist.

Die in der Rechtsprechung hervorgetretene vierte Möglichkeit einer Schuldspruchänderung — Verurteilung unter Aufhebung eines rechtsirrigen Freispruchs — ist daher abzulehnen.

Es bleibt noch zu prüfen, ob das Revisionsgericht unter Aufhebung einer rechtsirrigen E i n s t e l l u n g selbst verurteilen darf [76]). Hierzu ist nicht mehr viel zu sagen. Es ist zu unterscheiden, ob der Angeklagte durch die Einstellung beschwert ist und somit Revision einlegen kann, oder ob das nicht der Fall ist. Grundsätzlich enthält eine nur vorläufige Einstellung — es fehlt beispielsweise der nötige Strafantrag, doch ist die Frist des § 61 StGB noch nicht abgelaufen —

---

[76]) Beispiele bieten RG III 628/36 v. 11. 5. 1937 (zit. bei Löwe 2. Nachtrag § 354 Nr. 2) und OGHSt 1, 229 (bzgl. d. Angekl. S.); sachlich gehört hierher auch die oben S. 27 zit. Entsch. des BGH, vgl. dort.

für den Angeklagten eine Beschwer, während er nicht beschwert ist, wenn die Verfolgbarkeit für immer verneint wird [77]). Der Fall, daß eine Revision des Angeklagten mangels Beschwer unzulässig ist, muß dem Freispruch gleichgestellt werden. Ein Selbstentscheid des Revisionsgerichts ist hier aus denselben Gründen unzulässig. Die Entscheidung des Bundesgerichtshofs [78]) wäre daher auch dann abzulehnen, wenn der Vorderrichter das Verfahren wegen Verbrauchs der Strafklage eingestellt hätte; denn der Angeklagte hätte auch dann keine zulässige Revision einlegen können. Die Entscheidung des Obersten Gerichtshofes für die Britische Zone [79]), in der dieses Gericht eine wegen Verjährung ausgesprochene Einstellung des Vorderrichters aufgehoben und den Angeklagten selbst verurteilt hat, ist ebenfalls abzulehnen.

Der Fall jedoch, daß der Angeklagte durch die Einstellung beschwert ist und daher Revision zulässig einlegen kann, steht der Verurteilung gleich. Der Angeklagte hat die Möglichkeit, Verfahrensfehler zu rügen. Das Revisionsgericht darf daher hier auf die alleinige Sachrüge der Staatsanwaltschaft hin selbst verurteilen, falls die sonstigen Voraussetzungen einer Schuldspruchänderung erfüllt sind.

Ob eine Einstellung des Verfahrens auf Grund eines Straffreiheitsgesetzes den Angeklagten beschwert, ist bestritten [80]). Je nach dem, ob man das bejaht oder es verneint, ist die genannte Entscheidung des Reichsgerichts [81]) zu billigen oder nicht. Das mag im Rahmen dieser Arbeit auf sich beruhen. Der Angeklagte kann jedenfalls dann durch eine solche Einstellung beschwert sein, wenn das betreffende Straffreiheitsgesetz eine Durchführung des Verfahrens auf Antrag des Angeklagten vorsieht [82]).

---

77) Löwe § 296 Anm. 2 b; KMR-Komm. Vorb. 3 c vor § 296; Schwarz StPO § 296 Anm. 2 A; Gage-Sarstedt S. 26.

78) NJW 1952, 1263 Nr. 13, vgl. oben S. 27 Note 63.

79) OGHSt 1, 229 (bzgl. des Angekl. S.).

80) Vgl. Löwe § 296 Anm. 2 b; KMR-Komm. Vorb. 3 c vor § 296; Kern S. 182; Gage-Sarstedt S. 26 mit Rechtsprechungsnachweisen.

81) RG III 628/36 v. 11. 5. 1937 (zit. bei Löwe 2. Nachtrag § 354 Nr. 2).

82) So auch Gage-Sarstedt S. 26.

VIERTER ABSCHNITT

Selbstentscheid im Strafausspruch.

§ 7. Wirkung der Schuldspruchänderung auf den Strafausspruch.

1. Überblick über die Rechtsprechung und Literatur.

In allen Fällen, in denen das Revisionsgericht in direkter Anwendung des § 354 Abs. 1 StPO in der Sache selbst entscheidet, findet das Verfahren damit seinen rechtskräftigen Abschluß. Bei einer bloßen Schuldspruchänderung aber erhebt sich immer die Frage, inwieweit diese Änderung auf den Strafausspruch einwirkt. Es ist zu prüfen, ob der Strafausspruch in einem solchen Fall bestehen bleiben darf oder nicht.

Ein Überblick über die Rechtsprechung lehrt, daß die Revisionsgerichte die Sache häufig zur erneuten Straffestsetzung zurückverweisen, weil die Strafzumessung Aufgabe des Tatrichters sei [1]). Auch hier ist vor allem der Oberste Gerichtshof für die Britische Zone bemüht gewesen, auf die Grenzen der Befugnisse des Revisionsgerichts hinzuweisen [2]). Mindestens ebenso zahlreich sind jedoch die Entscheidungen, in denen die Revision mit der Maßgabe der Schuldspruchänderung verworfen, der Strafausspruch also bestätigt wird [3]). Auch diese Entscheidungen sind im Prinzip durchaus der Ansicht, daß die Strafzumessung Sache des Tatrichters sei [4]). Sie halten es jedoch nach der konkreten Sachlage für ausgeschlossen, daß die Schuldspruchänderung den Strafausspruch berühre. Nach ihrer Ansicht darf daher der Strafausspruch aufrechterhalten bleiben, ohne daß hierzu Strafzumessungserwägungen, die ja unzulässig wären, seitens des Revisionsgerichts erforderlich seien.

Diese Praxis ist von der Literatur zunächst fast einhellig abgelehnt worden [5]). Die Angriffe richten sich hierbei in erster Linie gegen Entscheidungen, in denen die Schuldspruchänderung im Wegfall eines idealkonkurrierenden Delikts oder in der Auswechslung

---

[1]) Vgl. die oben S. 14 Note 30 angeführten Beispiele.

[2]) Vgl. grundsätzlich OGHSt 1, 152 (159 f.); auch OGHSt 1, 1; OGHSt 184/49 (Urt. v. 20. 6. 1949).

[3]) Vgl. die S. 14 Note 31 angef. Beispiele.

[4]) Selbst in RGSt 76, 313, wo das RG — allerdings ohne Schuldspruchänderung — von sich aus auf die Todesstrafe erkennt, wird dieser Grundsatz vorangestellt.

[5]) Kern, Anm. zu BayObLG JW 1920, 56 Nr. 3; Mamroth Anm. zu RG JW 1923, 397 Nr. 42; Merkel Anm. zu RG JW 1923, 399 Nr. 46; Mannheim Anm. zu RG JW 1925, 487 Nr. 7; Mannheim Anm. zu RG JW 1927, 389 Nr. 21; vgl. auch Mannheim Revision S. 169 ff.; Oetker Anm. zu RG JW 1929, 257 Nr. 14; Doerr Anm. zu RG JW 1931, 189 Nr. 6.

einer Strafnorm besteht. Die Kritiker betonen im wesentlichen, daß diese Rechtsprechung zwar praktisch sei, aber doch gegen § 354 Abs. 1 (§ 394 Abs. 1) StPO verstoße; der Sache nach liege eine eigene Strafzumessung vor, die dem Revisionsgericht nicht zukomme. Auch Schneidewin [6]) weist darauf hin, daß es sich hierbei streng genommen um eine Entscheidung des Revisionsgerichts in der Sache selbst handele, die sich weit auf das Tatsachengebiet vorwage. Lediglich Pohle [7]), der grundsätzlich für eine Erweiterung der Befugnisse des Revisionsgerichts auch auf dem Gebiete der Strafzumessung eintritt, sieht in dieser Praxis der Gerichte nichts Unrechtes. Wenn Mannheim [8]) meint, auch Binding billige die Rechtsprechung des Reichsgerichts, so kann dem nicht gefolgt werden. Gerade Binding stellt an der von Mannheim angeführten Stelle [9]) fest, daß jedes Urteil sich dem Revisionsgericht von selbst verbiete, in dem eine Strafzumessung notwendig sei. Er billigt lediglich, daß das Revsionsgericht die von dem Tatrichter verhängte Einzelstrafe aufrecht erhält, wenn von zwei oder mehr realkonkurrierenden Delikten alle bis auf eine Tat wegfallen [10]). Zu den von der Literatur angegriffenen Fällen des Wegfalls eines idealkonkurrierenden Delikts und der Auswechslung von Vorschriften nimmt Binding keine Stellung.

Später räumt Richter [11]) ein, daß das Revisionsgericht die Strafe dann bestätigen dürfe, wenn die Schuldspruchänderung den Strafausspruch offenbar nicht beeinflußt habe. Er verbreitet sich jedoch nicht näher darüber, wann das der Fall sein soll. In neuerer Zeit ist Wimmer [12]) nach eingehender Untersuchung der Auffassung, daß der Strafausspruch zwar grundsätzlich aufzuheben sei, daß es aber auch Fälle gebe, in denen die Schuldspruchänderung keinen Einfluß auf den Strafausspruch haben könne. Gleicher Ansicht ist beispielsweise der Kommentar von Kleinknecht-Müller-Reitberger [13]), während Schwarz [14]) eine Befugnis des Revisionsrichters zum Selbstentscheid im Strafausspruch leugnet [15]).

---

[6]) In „Fünfzig Jahre Reichsgericht", S. 322 f.

[7]) S. 99 ff. Seine Ansichten haben sich aber nicht durchgesetzt; nur Bruns, S. 144, hat sich ihm später noch angeschlossen. Ähnliche Gedanken, aber bewußt de lege ferenda, äußert noch Schwarz, ZAkDR 1940, 139, unter dem Einfluß der damals gegebenen Nichtigkeitsbeschwerde (VO v. 21. 2. 1940 RGBl I S. 405).

[8]) Anm. zu RG JW 1925, 487 (488).

[9]) S. 277.

[10]) Vgl. oben S. 7.

[11]) S. 100.

[12]) S. 73 f.; auch schon S. 72 (rechts unten).

[13]) § 354 Anm. 3.

[14]) StPO § 354 Anm. 2 B.

[15]) Vgl. auch Erbs § 354 Anm. IV.

2. Eigene Stellungnahme.

Grundsätzlich ist festzustellen, daß jede Schuldspruchänderung dem Strafausspruch den Boden entzieht. Der Strafausspruch ist auf den alten Schuldspruch bezogen; auf den neuen paßt er in aller Regel nicht. Es ist daher erforderlich, daß die Strafe an Hand des geänderten Schuldspruchs neu zugemessen wird. Die Strafzumessung ist Aufgabe des Tatrichters [16]). Dies wird, zumindest für das geltende Recht, nicht ernsthaft bestritten [17]). Daraus folgt aber, daß das Urteil grundsätzlich im Strafausspruch aufzuheben und die Sache insoweit an den Vorderrichter zurückzuverweisen ist. Ausnahmen mögen denkbar sein. Es sei schon hier vor allem auf das Verbot der reformatio in peius hingewiesen (§ 358 Abs. 2 StPO), daß eine Verschärfung der Strafe trotz Schlechterstellung im Schuldspruch unzulässig macht, wenn lediglich der Angeklagte — oder zu seinen Gunsten die Staatsanwaltschaft oder sein gesetzlicher Vertreter — Revision eingelegt hat.

Es ist im einzelnen zu untersuchen, wann die Bestätigung des Strafausspruchs einen unzulässigen Eingriff in tatrichterliches Gebiet darstellt und wann dies ausnahmsweise nicht der Fall ist. Es empfiehlt sich, diese Frage eng im Anschluß an die zulässigen Möglichkeiten einer Schuldspruchänderung — Wegfall, Auswechslung und Hinzufügung einer Strafvorschrift — zu behandeln.

a) Bei Wegfall eines Delikts.

Der Fall, daß das Revisionsgericht ein rechtsirrig in Realkonkurrenz angenommenes Delikt im Wege des Teilfreispruchs oder der Teileinstellung streicht, bietet keine Schwierigkeiten. Fallen von zwei oder mehr realkonkurrienden Delikten alle bis auf eines weg, so darf der Revisionsrichter die für diese Tat verhängte Einzelstrafe als alleinige Strafe aufrechterhalten. Es handelt sich für das Revisionsgericht insoweit um eine absolut bestimmte Strafe, wie heute allgemein angenommen wird [18]).

---

16) Sehr lehrreich bereits die Motive aus dem Jahre 1872, S. 230: „Die Abmessung der Strafe innerhalb der gesetzlichen Grenzen ist etwas so rein Thatsächliches, daß sie in keinem Fall dem Revisionsrichter zustehen darf. Das richtige Strafmaß läßt sich nur auf Grund der mündlichen Beweisverhandlung finden, und dem Revisionsrichter würde, wenn er die Strafe abmessen sollte, jede Grundlage und jeder Maßstab hierfür fehlen. Das aufgehobene Urtheil kann eine solche Grundlage nicht darstellen; die Menge größerer und kleinerer Momente, die für den ersten Richter bei Abmessung der Strafe bestimmend gewesen sind, entzieht sich häufig jeder Fixierung durch die Schrift." — Ganz ähnlich die Motive bei Hahn, S. 259.

17) Vgl. noch KG JZ 1953, 644.

18) Vgl. oben S. 7 und dort Note 31, vgl. ferner RGSt 25, 297 u. OLG Oldenburg NdsRpfl 1948, 202. Ist jedoch die Möglichkeit einer Milderung der restlichen Einzelstrafe ausnahmsweise nicht auszuschließen, so muß der gesamte Strafausspruch aufgehoben und die Sache insoweit zurück-

Bleiben dagegen zwei oder mehr Einzelstrafen bestehen, so ist die Sache zur Bildung einer neuen Gesamtstrafe an den Vorderrichter zurückzuverweisen. Das Revisionsgericht darf den Strafausspruch nicht etwa deshalb bestätigen, weil es nach den Gründen des angefochtenen Urteils überzeugt ist, der Tatrichter werde erneut auf eine gleich hohe Strafe erkennen. Dies würde unzulässige eigene Strafzumessung sein [19]). Der Revisionsrichter kann nicht in den Kopf des Tatrichters sehen. Dieser mag entgegen der Annahme des Revisionsrichters dennoch eine andere Strafe verhängen. Ob er es tut, ist seinem Ermessen überlassen; das Revisionsgericht darf sich nicht an seine Stelle setzen. Nur ganz ausnahmsweise wird das Revisionsgericht die Strafe dann beibehalten dürfen, wenn dem Urteil des Vorderrichters mit Sicherheit zu entnehmen ist, daß dieser erneut auf eine gleich hohe Strafe erkennen würde. Einen solchen Fall hat beispielsweise das Reichsgericht mit Urteil vom 30. November 1939 [20]) entschieden. Dort hatte das Schwurgericht den Angeklagten wegen gewerbsmäßiger Abtreibung in achtundsiebzig Fällen zu einer Gesamtstrafe von fünfzehn Jahren Zuchthaus verurteilt; die Einzelstrafen betrugen insgesamt einhundertvierzehn Jahre Zuchthaus. Das Gericht hatte in den Urteilsgründen ausgeführt, es würde auch dann dieselbe Strafe ausgesprochen haben, wenn fünfzehn oder zwanzig Fälle weniger nachgewiesen worden wären. Das Reichsgericht hat das Verfahren in drei Fällen eingestellt [21]), die Gesamtstrafe aber bestätigt [22]).

Wesentlich schwieriger ist die Problematik, wenn das Revisionsgericht ein irrig in Idealkonkurrenz angenommenes Delikt streicht. Vornehmlich bei dieser Sachlage hat die Rechtsprechung nicht selten einen Einfluß der Schuldspruchänderung auf den Strafausspruch geleugnet. Der Rechtsprechung ist im Gegensatz zu ihren früheren Kritikern und in Übereinstimmung mit der neueren Literatur zuzugeben, daß es Fälle gibt, in denen der Wegfall eines idealkonkurrierenden Delikts keinen Einfluß auf den Strafausspruch hat. Die zulässigen Ausnahmen sind jedoch wesentlich geringer, als heute gemeinhin angenommen wird.

---

verwiesen werden. Vgl. hierzu BGH Urt. v. 15. 10. 1953-3StR 323/53 (insoweit in NJW 1954, 80 Nr. 18 nicht abgedruckt).

[19]) So auch OGHSt 1, 152 (159 f.) u. Wimmer S. 72 r. Mannheim, Revision S. 172, will hierin keine eigene Entscheidung des Revisionsrichters sehen, da sich dieser gerade in die Lage des Tatrichters zu versetzen suche. Es entscheidet letztlich aber doch der Revisionsrichter.

[20]) RG ZAkDR 1940, 147 mit insoweit zustimmenden Ausführungen von Schwarz, ebenda S. 139.

[21]) Soweit das RG gem. § 154 StPO eingestellt hat, ist dies umstrittene Verfahren jetzt durch das 3. Strafrechtsänderungsgesetz v. 4. 8. 1953 (BGBl I S. 785) gesetzlich anerkannt worden. Vgl. dazu Dallinger JZ 1953, 439.

[22]) Auch Wimmer S. 72 r stimmt zu, ohne die Entscheidung des RG ausdrücklich zu nennen.

Die Lösung der Frage hängt von der Bedeutung ab, die dem tateinheitlichen Verstoß gegen ein weiteres Strafgesetz für die Bemessung der Strafe zukommt. Die Strafe ist gemäß § 73 StGB dem Strafrahmen des schwereren Gesetzes zu entnehmen. Der Wegfall eines idealkonkurrierenden Delikts hat dementsprechend für den Strafausspruch in erster Linie Bedeutung, wenn die Strafe bisher der Vorschrift zu entnehmen war, die gestrichen worden ist. Sie ist nunmehr regelmäßig einem milderen Gesetz zu entnehmen. Das Urteil muß daher grundsätzlich im Strafausspruch aufgehoben und die Sache insoweit zurückverwiesen werden [23]). Dies muß auch gelten, wenn die Strafe bereits innerhalb des richtigen Rahmens fällt. Der Tatrichter hat einen falschen Strafrahmen vor Augen gehabt; ihm ist daher Gelegenheit zu geben, die Strafe innerhalb des richtigen Strafrahmens zu bestimmen.

Das Revisionsgericht darf hier nicht den Standpunkt einnehmen, der Tatrichter werde nach erneuter Hauptverhandlung nicht anders entscheiden. Das würde eine unzulässige Strafzumessung seitens des Revisionsgerichts sein [24]). Die hilfsweise angestellte Erwägung des Tatrichters, er hätte dieselbe Strafe selbst dann verhängt, wenn die Annahme des idealkonkurrierenden Delikts irrig sei, darf ebenfalls nicht dazu führen, die Strafe des Vorderrichters zu bestätigen. Zutreffend weist schon Pohle [25]) darauf hin, daß die erkannte Strafe im Zweifel gerade jener Tat nicht gerecht wird, über die der Tatrichter nur hilfsweise entschieden hat. In Übereinstimmung hiermit erklärt die Rechtsprechung [26]) solch hypothetische Erwägungen für unzulässig und sieht den Strafausspruch gerade dann als gefährdet an, wenn das Revisionsgericht die Rechtslage für gegeben hält, für die die Hilfserwägungen gelten soll [27]).

In diesem Zusammenhang greift schließlich auch der Einwand nicht durch, der Tatrichter habe nicht die mildeste Strafe des von ihm angewendeten Gesetzes verhängt, er werde daher auch dann nicht milder urteilen, wenn ihm ein milderer Strafrahmen zur Verfügung stehe. Bereits Mannheim [28]) weist zutreffend darauf hin, daß eine Tat, die in den Strafrahmen von einem Tag bis zu einem Jahr

---

[23]) Und zwar auch dann, wenn nur die StA Revision eingelegt hat; vgl. § 301 StPO.

[24]) Vgl. oben S. 36.

[25]) S. 99 f.

[26]) Vgl. BGH NJW 1955, 1159 Nr. 16 mit Nachweisen auch aus der reichsgerichtlichen Rechtsprechung.

[27]) Es ist zuzugeben, daß sich auch der bei der Teileinstellung für zulässig erachtete Ausnahmefall — vgl. oben S. 36 — auf eine solche Hilfserwägung stützt. Dort handelte es sich aber um die Bedeutung gleichartiger r e a l - konkurrierender Delikte für die Gesamtstrafe, vor allem aber um einen ausnehmend krassen Fall.

[28]) Revision S. 172 f.

Gefängnis fällt, an einen anderen Platz gelangen muß oder doch gelangen kann, als wenn sie in den Strafrahmen von einem Tag bis zu sechs Monaten Gefängnis gehört.

Aber auch wenn der nunmehr anzuwendende Strafrahmen nicht milder, sondern ausnahmsweise praktisch völlig gleich ist, hat der Wegfall des idealkonkurrierenden Delikts für die Strafzumessung Bedeutung. Schon die Tatsache als solche, daß ein irrig angenommenes Delikt wegfällt, kann erheblich sein, wie sich noch zeigen wird.

Der Wegfall eines idealkonkurrierenden Delikts hat nämlich auch dann für den Strafausspruch Bedeutung, wenn nur das sog. Nebendelikt, dem die Strafe nicht zu entnehmen war, weggefallen ist. Auch hier ist von dem Einfluß auszugehen, der der Verletzung eines weiteren Delikts gemäß § 73 StGB zukommt. Zunächst ist heute anerkannt, daß die Strafe das Mindestmaß des idealkonkurrierenden Nebendelikts, das ja höher liegen kann als das der im Höchstmaß strengeren Vorschrift, nicht unterschreiten darf [29]). Ist der Tatrichter bei der Bemessung der Strafe entsprechend verfahren und streicht das Revisionsgericht das Nebendelikt ersatzlos fort, so muß der Strafausspruch aufgehoben werden, weil nicht auszuschließen ist, daß der Tatrichter nunmehr unter die weggefallene Mindeststrafe gehen wird [30]).

Von großer Bedeutung ist für unsere Frage, daß der Tatrichter die Strafe mit Rücksicht auf das idealkonkurriende Delikt in aller Regel verschärfen wird, auch wenn er dazu nicht verpflichtet ist [31]). Zumindest kann der Tatrichter die Strafe aus diesem Grunde verschärft haben und das Schweigen des Urteils hierüber läßt nicht sicher auf das Gegenteil schließen. Folgerichtig wird daher auch die Ansicht vertreten, daß die Hinzufügung weiterer tateinheitlicher Gesetzesverstöße Aufhebung und Zurückverweisung im Strafausspruch zwingend gebiete, damit der Vorderrichter dem neuen Unwertgehalt der Tat gerecht werden kann [32]). Jedenfalls ist bei Prüfung der Frage, ob der Wegfall des idealkonkurrierenden Nebendelikts den Strafausspruch berührt, grundsätzlich davon auszugehen, daß der Tatrichter die Strafe mit Rücksicht auf das von ihm irrig angenommene Nebendelikt verschärft hat [33]). Der Wegfall dieses

---

[29]) Vgl. Schönke-Schröder § 73 Anm. IV 5 a mit zahlreichen Nachweisen. Das Reichsgericht hat den Grundsatz der Ausschließlichkeit des strengeren Gesetzes mit Beschluß des Großen Strafsenats v. 22. 3. 1939 (RGSt 73, 148) aufgegeben.

[30]) Vgl. z. B. OGH Urt. v. 20. 9. 1949 — StS 36/49.

[31]) Vgl. RGSt 49, 402; LK I § 73 Anm. 6 c am Ende; Schönke-Schröder § 73 Anm. IV 5 c; vgl. auch Olshausen § 73 Anm. 12 u. 17.

[32]) Vgl. Lüttger S. 351. — Im einzelnen hierzu später.

[33]) Vgl. hierzu auch Beling GA 63, 200.

Delikts muß daher regelmäßig zur Aufhebung und Zurückverweisung im Strafausspruch führen [34]).

Hiergegen kann nicht mit Erfolg eingewendet werden, der Strafausspruch sei trotz Wegfall des Nebendelikts oftmals deswegen nicht berührt, weil sich neben dem gleichbleibenden Strafrahmen auch die Strafzumessungstatsachen nicht geändert hätten [35]). Es ist Wimmer [36]) zwar darin zuzustimmen, daß sich die Höhe einer Strafe nicht ändert, wenn der Strafrahmen und die Strafzumessungstatsachen gleich bleiben. Entgegen der Rechtsprechung bleiben aber die Strafzumessungstatsachen bei Wegfall eines idealkonkurrierenden Delikts meist nicht gleich [37]). Es muß vielmehr gerade der Umstand, daß ein irrig angenommener weiterer Gesetzesverstoß entfällt, in der Regel als eine Veränderung der Zumessungstatsachen angesehen werden. Das muß zwar nicht, kann aber für den Tatrichter Grund genug sein, die Strafe zu mildern. Das Revisionsgericht darf ihm nicht vorgreifen.

Auch hier kann nicht gesagt werden, der Tatrichter werde erneut auf dieselbe Strafe erkennen, weil es sich bei dem weggefallenen Delikt etwa nur um eine geringfügige Übertretung gehandelt habe. Auch das ist in Wahrheit eine unzulässige eigene Strafzumessung des Revisionsgerichts; denn dieses — und nicht der Tatrichter — entscheidet damit, ob das weggefallene Delikt für die Strafzumessung von Bedeutung war. Es ist möglich, oft sogar wahrscheinlich, daß der Tatrichter dieselbe Strafe erneut verhängen wird. Unter allen Umständen sicher ist das aber nicht. Ob er es tatsächlich tut, muß ihm überlassen bleiben.

Bei einer Durchsicht der Rechtsprechung fällt auf, daß ein Einfluß des weggefallenen idealkonkurrierenden Nebendelikts auf das Strafmaß häufig dann verneint wird, wenn dieses Delikt nicht völlig wegfällt, vielmehr richtiger Ansicht nach in Gesetzeskonkurrenz

---

[34]) So zutreffend R 6, 426; OGHSt 1, 152 (159 f.); OGH MDR 1949, 118; OGH Urt. v. 14. 6. 1949-StS 8/49; OGH v. 6. 2. 1950-StS 329/49; BGH Urt. v. 13. 11. 1953-5 StR 342/53; BGH NJW 1954, 609 Nr. 19; OLG Hamm MDR 1950, 305. — Abzulehnen dagegen z. B. RGSt 47, 372; 53, 257; 53, 279; 74, 178; 74, 309; RG JW 1923, 397 Nr. 42; BGH NJW 1955, 1405 Nr. 19, OLG Hamm HESt 2, 324; OLG Oldenburg NdsRpfl 1948, 198, OLG Tübingen MDR 1950, 500. Bedenklich auch OGHSt 2, 17; OGH Beschl. v. 29. 1. 1949-StS 15/49; OGH v. 20. 6. 1950-StS 333/49; diese Fälle liegen jedoch insofern anders, als das KRG 10 II 3 keinen festen Strafrahmen gab; vgl. auch OGH ZJBl. Br. Z. 1949, 231 Nr. 1300. Eine völlig sichere Beurteilung der hier abgelehnten Entscheidungen ist allerdings nur bei Kenntnis der tatrichterlichen Strafzumessungsgründe möglich.

[35]) So aber z. B. OGH NJW 1950, 756.

[36]) S. 73 r. — Ihm folgt OGH ZJBl. Br. Z. 1949, 231 Nr. 1299.

[37]) Wimmer selbst führt diesen Fall nicht an. Seine Ansicht, nicht jede veränderte Subsumtion verändere zugleich die Zumessungstatsachen, steht der hier vertretenen Auffassung nicht notwendig entgegen.

zu stehen hat [38]). Es ist die Frage, ob die Strafe nicht wenigstens dann zu Recht beibehalten wird. Diese Frage ist zu verneinen. Der Tatrichter hat in diesen Fällen angenommen, daß die begangenen Delikte in Idealkonkurrenz stehen. Es ist daher grundsätzlich davon auszugehen, daß er die Strafe mit Rücksicht auf das von ihm irrig in Idealkonkurrenz angenommene Delikt verschärft hat [39]). Eine solche Verschärfung ist dagegen — unbeschadet ihrer Zulässigkeit [40]) — bei der Annahme von Gesetzeskonkurrenz meistens nicht angebracht. Verletzt der Täter eines Delikts notwendig auch die in Gesetzeskonkurrenz stehende Strafnorm (Fall der Spezialität), so hat der Gesetzgeber deren besondere Merkmale bereits bei der Festsetzung des Strafrahmens für das speziellere Delikt berücksichtigt. Aber auch wenn eine Straftat nur die regelmäßige Erscheinungsform einer anderen ist (Fall der Konsumtion), wird dieses in aller Regel zutreffen. Dasselbe muß gelten, falls ein Strafgesetz nur dann zur Anwendung kommen soll, wenn keine schwerere Vorschrift eingreift (Fall der Subsidiarität). So sind die meisten Gefährdungsdelikte gegenüber den entsprechenden Verletzungsdelikten nur subsidiär. Es wäre grundsätzlich nicht richtig, gegenüber einem Täter, der ein Rechtsgut verletzt hat, strafschärfend heranzuziehen, daß er dasselbe Rechtsgut auch gefährdet habe. Nur besondere Umstände rechtfertigen vielmehr die Verschärfung einer Strafe mit Rücksicht auf ein in Gesetzeskonkurrenz begangenes weiteres Delikt. Streicht das Revisionsgericht daher eine idealkonkurrierende Tat, weil sie in Wirklichkeit in Gesetzeskonkurrenz steht, so muß es dem Tatrichter überlassen bleiben, ob er auch in diesem nicht unerheblich anders gelagerten Fall die Strafe nach erneuter Hauptverhandlung beibehalten oder ob er sie herabsetzen will [41]). Trifft der Revisionsrichter diese Entscheidung selbst, so stellt er eigene Strafzumessungserwägungen an, die ihm verwehrt sind. Es ist zuzugeben, daß die Wahrscheinlichkeit in diesen Fällen in erhöhtem Maße dafür spricht, daß der Vorderrichter die Strafe beibehalten wird. Das Prinzip ändert sich dadurch jedoch nicht. Wahrscheinlichkeit reicht nicht aus; nur Sicherheit genügt [42]). Sicher vorauszusehen ist die Entscheidung des Tatrichters grundsätzlich aber auch dann nicht, wenn das ersatzlos gestrichene Delikt richtiger Ansicht nach in Gesetzeskonkurrenz steht [43]).

---

[38]) Vgl. RGSt 47, 372; 53, 257; 53, 279; 74, 178; 74, 309; RG JW 1923, 397 Nr. 42; OGHSt 2, 17; BGH NJW 1955, 1405 Nr. 19; BGH NJW 1956, 32 Nr. 15; OLG Hamm HESt 2, 324; OLG Tübingen MDR 1950, 500.

[39]) Vgl. oben S. 38.

[40]) RGSt 63, 423; RG HRR 1939, 471; BGHSt 1, 152.

[41]) Insoweit zutreffend daher OLG Oldenburg SchlHAnz 1954, 257.

[42]) So auch Wimmer S. 73 r.

[43]) Dieses Bedenken besteht auch gegenüber der sonst zutreffenden Entscheidung BGHSt 1, 152. Es läßt sich auch hier denken, daß der Vorder-

Aus alledem folgt: der Wegfall eines idealkonkurrienden Delikts ist nur dann für den Strafausspruch ohne Bedeutung, wenn dem vorderrichterlichen Urteil mit Sicherheit und in zulässiger Weise [44]) zu entnehmen ist, daß der Tatrichter in erneuter Hauptverhandlung nicht anders entscheiden würde. So ist es vor allem dann, wenn der Tatrichter ohnehin auf die Mindeststrafe des Hauptdelikts erkannt hat [45]). Hier ist eine weitere Milderung ausgeschlossen. Es ist weiter der Fall, wenn dem tatrichterlichen Urteil sonst mit Sicherheit zu entnehmen ist, daß der tateinheitliche Gesetzesverstoß nicht zu einer Erhöhung der Strafe geführt hat. Das wird grundsätzlich nur anzunehmen sein, wenn der Tatrichter dies ausdrücklich begründet [46]); ferner aber auch dann, wenn der Vorderrichter irrig angenommen hatte, § 73 StGB verbiete es, die Verletzung des idealkonkurrierenden Nebendelikts straferschwerend zu berücksichtigen, und er dies in den Urteilsgründen ausgedrückt hat [47]).

Nur in solchen Fällen handelt es sich nicht um eine eigene Strafzumessung des Revisionsrichters, sondern um die Verwirklichung der Ansicht des Tatrichters. Nur in solchen Fällen darf daher die Strafe trotz Wegfall des idealkonkurrierenden Nebendelikts aufrecht erhalten und die Revision verworfen werden.

Es ist zuzugeben, daß nach der hier vertretenen Ansicht häufig erneut über die Straffrage verhandelt werden muß, ohne daß sich dadurch im Ergebnis etwas ändert. Der Grundsatz jedoch, daß der Tatrichter die Strafe zu bemessen hat, und daß das Revisionsgericht dazu weder befugt noch imstande ist, ist wohlfundiert und dient unmittelbar der gerechten Entscheidung des Einzelfalles. Eine neue Hauptverhandlung, mag sie auch dasselbe Ergebnis haben, ist deshalb eher in Kauf zu nehmen, als die Verletzung dieses Grundsatzes [48]). Dem Gedanken der Prozeßwirtschaftlichkeit ist hier im Rahmen des Gesetzes bereits dadurch Rechnung getragen, daß der Schuldspruch rechtskräftig feststeht. So bleibt die hier vertretene Ansicht auf dem Boden des Gesetzes und berücksichtigt dennoch die Bedürfnisse der Praxis.

---

richter bei richtiger Rechtsansicht — unter Wahrung der Mindeststrafe — eine mildere Strafe verhängt hätte.

[44]) Vgl. oben S. 37.

[45]) So z. B. RGSt 53, 189; 60, 58; RG v. 7. 1. 1936 — 1 D 603/35.

[46]) Entdeckt der Tatrichter den Subsumtionsfehler nach der Urteilsverkündung und führt er dann in seinen Gründen aus, die irrige Gesetzesanwendung sei ohne Einfluß auf die Strafzumessung gewesen, so kann diese nachträgliche Feststellung den Strafausspruch jedoch nicht aufrecht erhalten; so zutreffend OGH Urt. v. 20. 9. 1949-StS 36/49.

[47]) Vgl. OGH v. 20. 3. 1950-StS 372/49.

[48]) So zutreffend OGHSt 1, 152 (160).

b) Bei Auswechslung eines Delikts.

Wechselt das Revisionsgericht Strafnormen aus, so ist zu unterscheiden, ob die irrig angewendete Norm durch eine mildere oder eine schwerere Vorschrift ersetzt wird, wobei Maßstab regelmäßig § 73 StGB sein wird. Wird sie durch eine m i l d e r e ersetzt, so hat grundsätzlich Aufhebung und Zurückverweisung der Sache im Strafausspruch stattzufinden, da die Strafe nunmehr einem milderen Strafrahmen zu entnehmen ist. Die Lage ähnelt sehr derjenigen, die bei Wegfall des idealkonkurrierenden Hauptdelikts entsteht [49]). In beiden Fällen hat sich die Beurteilung der Tat zugunsten des Angeklagten verschoben; in beiden Fällen muß die Strafe aus einem milderen Strafrahmen neu zugemessen werden. Diese Aufgabe ist hier wie dort dem Tatrichter vorbehalten [50]). Auch hier ist es unerheblich, ob die erkannte Strafe bereits in den richtigen Rahmen fällt oder das Revisionsgericht der Ansicht ist, der Tatrichter würde erneut auf dieselbe Strafe erkennen.

Im Fall der Auswechslung einer Norm kann jedoch die Strafe unter Umständen dann bestehen bleiben, wenn der nunmehr anzuwendende Strafrahmen gleich ist. Während nämlich bei der ersatzlosen Streichung eines idealkonkurrierenden Delikts immer noch der Wegfall dieses weiteren Gesetzesverstoßes als solcher mildernd ins Gewicht fällt, kommt dies bei der Auswechslung einer Vorschrift nicht in Betracht. Hier ist zu prüfen, ob neben dem Strafrahmen auch die Strafzumessungstatsachen gleich geblieben sind [51]). Ist dies ausnahmsweise zu bejahen, darf die Strafe beibehalten werden. Eine Entscheidung läßt sich nur von Fall zu Fall treffen, wobei die Strafzumessungsgründe des angefochtenen Urteils eine entscheidende Rolle spielen [52]). Es läßt sich daher ohne Kenntnis des tatrichterlichen Urteils regelmäßig nicht nachprüfen, ob die Strafe in

---

[49]) Vgl. oben S. 37.

[50]) Zutreffend daher RGSt 75, 318; OGH v. 6. 9. 1949-StS 106/49; OGH v. 6. 2. 1950-StS 329/49; OLG Hamburg HESt 2, 19; OLG Hamm JZ 1953, 233; OLG Oldenburg NdsRpfl 1954, 92 Nr. 7; OLG Köln JMBl NW 1954, 204. — Abzulehnen dagegen RGSt 76, 251; RG JW 1923, 399 Nr. 46 mit abl. Anm. v. Merkel; RG JW 1927, 389 Nr. 21 mit abl. Anm. v. Mannheim; RG JW 1929, 257 Nr. 14 mit abl. Anm. v. Oetker; RG HRR 1934 Nr. 1259; KG GA 68, 303; OLG Braunschweig HESt 1, 264; OLG Oldenburg NdsRpfl 1952, 59 Nr. 6; bedenklich auch BayObLG 1, 374 n. F.

[51]) Insoweit ist Wimmer, S. 73 f. zuzustimmen, daß nicht jede abweichende Subsumtion die Strafzumessungstatsachen dergestalt ändert, daß Anlaß zu neuen Zumessungserwägungen besteht.

[52]) Im wesentlichen übereinstimmend Wimmer a. a. O., der ferner zutreffend darauf hinweist, daß der Gedanke des § 265 StPO auch bei der Straffrage zu beachten ist. Für die Bedeutung der Strafzumessungsgründe des angefochtenen Urteils vergleiche das bei Wimmer angeführte Beispiel der verschiedenen Bewertung des Anstifters und des Täters im Einzelfall.

einem solchen Fall zu Recht beibehalten worden ist oder ob nicht insoweit hätte zurückverwiesen werden müssen [53]).

Der Oberste Gerichtshof für die Britische Zone hat weiterhin die Strafe ausnahmsweise auch dann aufrechterhalten, wenn nur ein idealkonkurrierendes Nebendelikt ausgewechselt wird [54]). Nach dem bisher Gesagten kann dieses Verfahren nicht gebilligt werden. Der Strafrahmen, aus dem die Strafe zu entnehmen ist, bleibt zwar gleich, die Strafzumessungstatsachen ändern sich jedoch. Bei der Frage, welchen Einfluß der tateinheitliche weitere Gesetzesverstoß auf die Höhe der Strafe hat, ist der Tatrichter beispielsweise in dem Fall, den der Oberste Gerichtshof entschieden hat, davon ausgegangen, daß die eines Diebstahls schuldigen Angeklagten gleichzeitig tateinheitlich Täter einer Amtsanmassung gewesen sind. Richtiger Ansicht nach haben sie jedoch nur Beihilfe zur Amtsanmassung geleistet. Die Frage, ob diese Veränderung auch die Bedeutung des idealkonkurrierenden Nebendelikts für die Strafzumessung beeinflußt hat, darf nur der Tatrichter beantworten.

Es bleibt noch der Fall zu erwähnen, daß das Revisionsgericht den Schuldspruch dahin ändert, daß die an sich zutreffend festgestellten Delikte nicht im Verhältnis der Realkonkurrenz, sondern in dem der Idealkonkurrenz stehen. Hier muß die Sache im Strafausspruch aufgehoben und zurückverwiesen werden, damit der Vorderrichter an Stelle der verhängten Gesamtstrafe auf e i n e Strafe gemäß § 73 StGB erkennen kann [55]).

Wird eine irrig angewendete Norm durch eine s c h w e r e r e ersetzt, so ist weiter zu unterscheiden, ob lediglich der Angeklagte oder (allein oder auch) die Staatsanwaltschaft Revision eingelegt hat. Hat die Staatsanwaltschaft Revision eingelegt, so muß im Strafausspruch aufgehoben und die Sache insoweit zurückverwiesen werden [56]). Das für die Ersetzung durch eine mildere Vorschrift Gesagte gilt umgekehrt auch hier. Die Beurteilung der Tat hat sich zuungunsten des Angeklagten verschoben; die Strafe ist einem schwereren Rahmen zu entnehmen. Diese erneute Zumessung der Strafe ist Aufgabe des Tatrichters. Das Revisionsgericht darf auch hier nicht erklären, der Tatrichter würde bei Kenntnis des richtigen

---

[53]) Als Beispiele seien immerhin genannt RGSt 61, 265; 61, 341 (in Verbindung mit Pohle, Anhang Erkenntnisse Nr. 100); RG GA 68, 279; RG v. 6. 9. 1926 — 2 D 761/26 (zit. bei Pohle a. a. O., Nr. 13 b); RG v. 14. 1. 1927 — 1 D 854/26 (bei Pohle a. a. O., Nr. 97); BGH NJW 1955, 877 Nr. 13; OLG Kiel SchlHAnz 1946, 503.

[54]) OGHSt 1, 303 = NJW 1949, 354 Nr. 19; vgl. auch OLG Braunschweig NdsRpfl 1949, 146 Nr. 4.

[55]) Zutr. RGSt 66, 117; 73, 129; 73, 337; 76, 353; OGH v. 20. 6. 1949-StS 184/49; OLG Düsseldorf JMBl NW 1951, 229.

[56]) So zutreffend RGSt 73, 343; OGHSt 1, 105; OLG Braunschw. NdsRpfl 1952, 141 Nr. 1; bedenklich OLG Celle NdsRpfl 1954, 190 Nr. 9.

Strafrahmens nicht anders entscheiden; denn ein Einfluß der rechtsirrigen Auffassung des Vorderrichters auf die Höhe der Strafe ist nicht mit Sicherheit auszuschließen. Die Sache braucht jedoch dann nicht zur erneuten Strafzumessung zurückverwiesen zu werden, wenn das Revisionsgericht auf Grund des veränderten Schuldspruchs nunmehr seinerseits auf eine absolut bestimmte Strafe zu erkennen hat [57]).

Hat dagegen lediglich der Angeklagte (bzw. die Staatsanwaltschaft zu seinen Gunsten) Revision eingelegt, so bleibt der Strafausspruch bestehen, die Revision wird also mit der Maßgabe der Schuldspruchänderung verworfen [58]). Eine mildere Bestrafung scheidet nach Lage der Sache aus; einer Verschärfung der Strafe aber steht das Verbot der reformatio in peius (§ 358 Abs. 2 StPO) entgegen.

c) Bei Hinzufügung eines Delikts.

Wird dem Schuldspruch ein weiter in Tateinheit begangenes Delikt hinzugefügt, so ist ebenfalls zu unterscheiden, ob lediglich der Angeklagte oder (allein oder auch) die Staatsanwaltschaft Revision eingelegt hat. Hat die Staatsanwaltschaft Revision eingelegt, so muß das Urteil im Strafausspruch aufgehoben und die Sache insoweit zurückverwiesen werden. Das für den Wegfall eines idealkonkurrierenden Delikts Gesagte [59]) hat umgekehrt auch hier zu gelten. Ist die Strafe nunmehr gemäß § 73 StGB dem hinzugefügten Delikt als dem schwereren zu entnehmen, so ist es Aufgabe des Tatrichters, die Strafe an Hand des schwereren Strafrahmens erneut zuzumessen [60]). Aber auch wenn das hinzugefügte Delikt nur idealkonkurrierendes Nebendelikt ist, hat sich die Beurteilung der Tat zuungunsten des Angeklagten verschoben. Es ist regelmäßig angebracht, die Strafe in diesen Fällen zu erhöhen [61]). Diese Strafzumessung ist Aufgabe des Tatrichters. Nur er ist auch berechtigt, dahin zu erkennen, daß der festgestellte weitere tateinheitliche Gesetzesverstoß die Höhe der Strafe ausnahmsweise nicht beeinflußt habe [62]).

---

[57]) So hat der OGH mit Urteil vom 6. 12. 1949-StS 284/49 (teilw. abgedr. OGHSt 2, 285) eine Verurteilung wegen versuchten Mordes in Realkonkurrenz mit fahrlässiger Tötung in eine solche wegen vollendeten Mordes abgeändert und selbst auf lebenslängliches Zuchthaus erkannt. — Hinsichtlich der Bedenken gegen die Ansicht, die Strafe für Mord sei absolut bestimmt, vgl. oben S. 7.

[58]) Zutreffend OGHSt 1, 19; OLG Köln JMBl NW 1952, 100.

[59]) Vgl. oben S. 37 ff.

[60]) So zutreffend OGHSt 1, 1 = MDR 1948, 258; OGHSt 1, 229; OGH v. 31. 5. 1949-StS 156/49; OGH v. 18. 4. 1950-StS 490/49.

[61]) Vgl. oben S. 38.

[62]) Abzulehnen daher RGSt 71, 246; KG JR 1950, 407.

Auch hier ist es daher unzulässige eigene Strafzumessung, wenn das Revisionsgericht erklärt, der Tatrichter würde bei erneuter Verhandlung wieder auf dieselbe Strafe erkennen [63]). Schließlich darf auch hier die Strafe nicht deshalb aufrecht erhalten werden, weil der Vorderrichter den Subsumtionsfehler nach Urteilsverkündung entdeckt und in den Gründen ausgeführt hat, die Strafe wäre auch bei Anwendung des nicht erkannten oder irrig abgelehnten Strafgesetzes nicht anders ausgefallen. Da es sich hierbei lediglich um eine nachträgliche Anpassung handelt, ist der Verstoß im Zeitpunkt der Bemessung der Strafe jedenfalls unberücksichtigt geblieben [64]).

Hat das Revisionsgericht, wie es der Oberste Gerichtshof für die Britische Zone mehrfach getan hat [65]), dem Schuldspruch ein weiter in Tateinheit begangenes Delikt hinzugefügt, obwohl nur der Angeklagte Revision eingelegt hatte [66]), so muß der Strafausspruch bestehen bleiben. Eine Milderung der Strafe aus dem Gesichtspunkt, daß ein weiteres Gesetz verletzt ist, wäre widersinnig, insbesondere wenn sich der Strafrahmen zuungunsten des Angeklagten ändert. Eine Verschärfung der Strafe scheitert jedoch am Verbot der reformatio in peius [67]).

Erwähnt sei noch ein besonders gelagerter Fall aus der Rechtsprechung des Obersten Gerichtshofes für die Britische Zone [68]). Tritt zu mehreren realkonkurrierenden Delikten eine schwerere Einheitstat hinzu, die ihrerseits zu allen anderen Taten in Idealkonkurrenz steht, so hat das Revisionsgericht nach Ansicht des Obersten Gerichtshofes bei alleiniger Revision des Angeklagten die vom Tatrichter gebildete Gesamtstrafe unter Umbenennung als

---

[63]) So zutr. OGHSt 1, 1 = MDR 1948, 258.

[64]) In einem solchen Fall mag es sich empfehlen, die Sache gemäß § 354 Abs. 2 Satz 2 StPO an ein benachbartes Gericht zurückzuverweisen, da sich der Vorderrichter bereits zu sehr festgelegt hat.

[65]) OGH St 1, 152 (159) bezüglich Fall 1—4; OGH Urt. v. 22. 2. 1949-StS 89/48 (teilw. abgedruckt in OGHSt 1, 310).

[66]) Hierzu ist das Revisionsgericht keineswegs verpflichtet, da der positive Teil der Verurteilung ja richtig, das Urteil also zwar unvollständig, aber doch nicht falsch ist. Vgl. oben S. 11 N. 8.

[67]) Selbst in den Jahren nach 1935, als das Verbot der reformatio in peius aufgehoben war, hat das Revisionsgericht das Urteil — teilweise sogar ohne Schuldspruchänderung — in zahlreichen Fällen mit der Begründung aufrechterhalten, die Gerechtigkeit verlange keine erhebliche Verschärfung der Strafe; so RGSt 72, 75; 72, 302; 74, 21. Vgl. dazu Löwe, Ergänzungsband S. 95 ff.; Lehmann JW 1936, 696. So anfechtbar diese Begründung ist, weil das Revisionsgericht hier ihm verwehrte Strafzumessungserwägungen anstellt, so haben diese Entscheidungen im Ergebnis doch die Aufhebung des Verbots der reformatio in peius gemildert. — Dagegen hat das RG den Strafausspruch beispielsweise in RGSt 71, 205 aufgehoben.

[68]) Vgl. auch Lüttger S. 351.

Strafe aus dem schwereren Delikt aufrechterhalten[69]). Es trifft zu, daß dieses Ergebnis ohne eigene Zumessungserwägungen des Revisionsgerichts möglich ist, da die Strafe nicht verschärft werden darf, (§ 358 Abs. 2 StPO), der Hinzutritt des schwereren Gesetzes ihre Milderung aber trotz der Tatsache, daß nunmehr nur noch e i n e Straftat angenommen wird, nicht rechtfertigen kann.

§ 8. Änderung nur am Strafausspruch.

Wir haben bisher die Möglichkeiten einer Schuldspruchänderung und ihre Wirkungen auf den Strafausspruch untersucht. Wie das Revisionsgericht den Schuldspruch ändern darf, so ist eine Änderung lediglich des Strafausspruchs zulässig, falls das Revisionsgericht zur endgültigen Klarstellung des Fehlers befugt und imstande ist. Dies entspricht der Erkenntnis, daß ein Selbstentscheid des Revisionsgerichts insoweit zulässig ist, als die Revision beschränkt werden darf[70]). Aus dieser Erkenntnis folgt weiter, daß das Revisionsgericht auch innerhalb der Straffrage (einschließlich der Nebenentscheidungen) insoweit gegebenenfalls durcherkennen darf, als der Strafausspruch in sich weiterhin teilbar ist[71]).

Das Revisionsgericht ist weder befugt noch in der Lage, den Strafausspruch zu ändern, wenn die Richtigstellung des Fehlers nur durch einen Eingriff in tatrichterliches Gebiet möglich ist. Ist noch Raum für tatrichterliches Ermessen, muß die Sache im Strafausspruch ganz oder teilweise zurückverwiesen werden. Nur wenn die Entscheidung ohne dem Tatrichter vorbehaltene Ermessenserwägungen getroffen werden kann, darf das Revisionsgericht sie selbst treffen[72]).

Unter dieser Voraussetzung darf das Revisionsgericht Hauptstrafen, Nebenstrafen und Nebenfolgen, Maßregeln der Sicherung und Besserung und sonstige Nebenentscheidungen einschließlich der Kostenregelung ändern, falls der Fehler nur diesen Teil des Urteils betrifft. Solche Änderungen kommen vor allem in Betracht, wenn zwingend vorgeschriebene Entscheidungen ohne Raum für Ermessen zu treffen sind; sie werden aber auch dann zulässig sein, wenn die Ansicht des Vorderrichters dem angefochtenen Urteil mit Sicherheit und in erlaubter Weise zu entnehmen ist. Beispiele mögen zeigen,

---

[69]) So OGHSt 1, 249 (StS 70/48). — Die beiden andern bei Lüttger, S. 351 N. 48, angef. Entsch. des OGH sind insoweit in OGHSt 1, 310 (StS 89/48) und OGHSt 1, 277 (StS 99/48) nicht abgedruckt. Auch hier sei allerdings vermerkt, daß das Gericht nicht verpflichtet war, dem Schuldspruch die schwerere Tat hinzuzufügen.

[70]) Vgl. oben S. 13 f.

[71]) So jetzt auch BGH LM Nr. 1 zu § 354 Abs. 1 StPO = NJW 1951, 206.

[72]) Vgl. z. B. BGH v. 3. 8. 1951-4 StR 249/51, Leitsatz abgedruckt in BGH LM Nr. 3 zu § 354 Abs. 1 StPO mit Anm. v. Krumme; ferner BayObLG MDR 1952, 378 = BayOBLGSt 1952, 29.

in welchen Fällen die Rechtsprechung bisher nur den Strafausspruch geändert hat.

Das Reichsgericht hat beispielsweise die Hauptstrafe geändert, wenn der Tatrichter rechtsirrig die Vorschrift des § 27b StGB angewendet hatte. Es hat hierbei die im angefochtenen Urteil als an sich verwirkt bezeichnete Freiheitsstrafe als Strafe festgesetzt [73]). Dem ist zuzustimmen. Zu billigen ist auch eine Entscheidung des Obersten Gerichtshofes für die Britische Zone, in der dieses Gericht die unter Verletzung des § 78 StGB ausgeworfene eine Geldstrafe für zwei Taten auf diese beiden Taten an Hand der Gründe des angefochtenen Urteils aufgeteilt hat [74]). Der Bundesgerichtshof hat zutreffend von sich aus auf eine Gesamtstrafe erkannt, als der Vorderrichter zwei Einzelstrafen ausgeworfen hatte, ohne im Urteilstenor eine Gesamtstrafe zu verhängen, er aber in den Gründen klargestellt hatte, welche Gesamtstrafe er für angemessen hielt [75]). Schließlich darf das Revisionsgericht eine Hauptstrafe von sich aus wegfallen lassen, die das Berufungsgericht unter Verletzung von § 331 StPO der Strafe des Amtsrichters hinzugefügt hatte [76]); ein Gegenstück zur Festsetzung einer absolut bestimmten Strafe.

Bedenklich erscheint es dagegen, wenn das Revisionsgericht selbst auf die zulässige Höchststrafe erkennt, falls der Vorderrichter sie rechtsirrig überschritten hat. Beispielsweise darf eine Übertretung auch bei wohlhabenden Angeklagten nicht mit einer höheren Geldstrafe als 150,— DM geahndet werden, da § 27c Abs. 3 StGB sich nicht auf § 27c Abs. 1 StGB bezieht [77]). Hat der Tatrichter diese Grenze überschritten, so darf das Revisionsgericht die Strafe nicht von sich aus auf 150,— DM zurückführen; es muß vielmehr das Urteil im Strafausspruch aufheben und die Sache insoweit zurückverweisen. Auch hier gilt der Satz, daß dem Tatrichter, der von einem falschen Strafrahmen ausgegangen ist, Gelegenheit gegeben werden muß, sein Ermessen innerhalb des richtigen Strafrahmens auszuüben [78]).

Nicht zu billigen ist schließlich eine Entscheidung, in der das Reichsgericht [79]) von sich aus eine Gesamtzuchthausstrafe von acht Jahren auf Grund des Strafrechtsänderungsgesetzes vom 4. Sep-

---

[73]) So RGSt 60, 168; RG JW 1929, 265 Nr. 26.

[74]) OGH v. 16. 5. 1950-StS 62/49.

[75]) BGH v. 3. 8. 1951 — 4 StR 249/51 (Leitsatz abgedruckt in BGH LM Nr. 3 zu § 354 Abs. 1 StPO mit Anmerkung von Krumme).

[76]) So BayObLG MDR 1952, 378 = BayObLGSt 1952, 29.

[77]) Vgl. BGH MDR 1953, 52.

[78]) So auch Gage-Sarstedt S. 186. A. A. OLG Hamm NJW 1953, 118 Nr. 29; OLG Düsseldorf, JMBl NW 1953, 90; OLG Celle NJW 1953, 1683 Nr. 23.

[79]) RGSt 76, 313.

tember 1941 [80]) in die Todesstrafe umgewandelt hat. Diese Strafe war auch nach dem Gesetz vom 4. September 1941 nicht absolut bestimmt. Ihre Verhängung durch das Revisionsgericht ist nur dadurch möglich geworden, daß das Revisionsgericht, wenn es das auch nicht zugeben will, eigene Strafzumessungserwägungen angestellt hat. Dieser Fall hat sich jedoch, soweit ersichtlich, nicht wiederholt und ist heute nicht mehr praktisch.

Bei den Nebenentscheidungen handelt es sich vorwiegend um die Beseitigung unzulässiger Nebenstrafen und Nebenfolgen oder deren Hinzufügung, falls sie zwingend vorgeschrieben und in der Höhe absolut bestimmt sind. So finden sich relativ häufig Entscheidungen, in denen das Revisionsgericht eine zwingend vorgeschriebene Einziehung anordnet [81]) oder eine vom Vorderrichter unzulässig ausgesprochene Einziehung aufhebt [82]). Andere Erkenntnisse beseitigen den rechtsirrig ausgesprochenen Verlust der Eidesfähigkeit (§ 161 StGB) [83]). Auch die fehlerhafte Aberkennung der bürgerlichen Ehrenrechte darf beseitigt [84]), die Dauer des Verlustes unter Umständen geändert werden [85]). Schließlich entscheiden einige Urteile selbst über die Veröffentlichungsbefugnis des Verletzten (§ 200 StGB) [86]).

Hinsichtlich der Maßregeln der Sicherung und Besserung sind neuerdings vor allem die Erkenntnisse von Interesse, die sich mit dem Entzug der Fahrerlaubnis befassen. Es ist grundsätzlich Aufgabe des Tatrichters, diese Maßnahme zu verhängen [87]). Das Revisionsgericht wird beispielsweise dann selbst auf sie erkennen dürfen, wenn der Vorderrichter aus Rechtsgründen irrig nicht auf sie erkannt hat, aber in den Gründen ausgeführt hat, an sich halte er den Entzug auf eine bestimmte Anzahl von Jahren für erforderlich [88]). Der Revisionsrichter wird den Entzug der Fahrerlaubnis aufheben dürfen, wenn der Tatrichter rechtsirrig auf ihn erkannt hat und die tatsächlichen Feststellungen insoweit erschöpfend sind [89]). Einen Fall, in dem ein Revisionsgericht eine sonstige Maß-

---

[80]) RGBl I S. 549.
[81]) RGSt 42, 30; 53, 248; 57, 424; OLG Kassel Ztschr. StrW 45, 210.
[82]) BGH NJW 1955, 71 Nr. 13; OLG Potsdam NJ 1951, 417; OLG Hamm JZ 1952, 39; OLG Braunschweig NdsRpfl 1954, 187 Nr. 1.
[83]) RGSt 71, 181; OLG Braunschweig NdsRpfl 1950, 162 Nr. 4; OLG Celle NdsRpfl 1950, 164 Nr. 6.
[84]) BGH NJW 1953, 1311 Nr. 17.
[85]) OGH JuV 1950, 143 Nr. 330.
[86]) RGSt 53, 290; RG DR 1942, 1757 Nr. 22; RG v. 21. 1. 1936 — 1 D 1014/35; BGHSt 3, 73; BGH LM Nr. 2 zu § 200 StGB; BGH NJW 1955, 1118 Nr. 19.
[87]) Zutreffend hat daher BGHSt 6, 232 die Sache in einem solchen Fall zurückverwiesen.
[88]) So BGH MDR 1955, 117.
[89]) OLG Hamburg VRS 7, 303; OLG Hamburg NJW 1955, 1080 Nr. 24.

nahme der Sicherung und Besserung abgeändert hat, bietet ein Urteil des Bundesgerichtshofes aus dem Jahre 1950[90]).

Auch die Strafaussetzung zur Bewährung ist grundsätzlich Aufgabe des Tatrichters. Entsprechend unseren bisherigen Ausführungen wird das Revisionsgericht die anerkannte Strafe dann selbst aussetzen dürfen, wenn der Tatrichter sich rechtsirrig nicht dazu für befugt hielt, er aber in den Gründen ausgeführt hat, an sich halte er Strafaussetzung zur Bewährung für angebracht[91]). Auf der anderen Seite wird das Revisionsgericht die Aussetzung der Strafe selbst ablehnen dürfen, wenn es den Gründen des angefochtenen Urteils die Hindernisse des § 23 Abs. 3 Ziff. 2 oder 3 entnehmen kann[92]). Auch hier wäre eine Zurückverweisung überflüssig, da sich die Entscheidung zwingend aus dem Gesetz ergibt.

Erwähnt sei noch, daß der Bundesgerichtshof sich im Falle des Freispruchs nicht für befugt hält, selbst auf Entschädigung für unschuldig erlittene Untersuchungshaft[93]) zu erkennen[94]). Das Gericht führt dazu aus, es vertrage sich nicht mit der Aufgabe des Revisionsgerichts, die hierzu erforderlichen Erhebungen anzustellen; selbst wenn der Tatrichter aber bereits Ermittlungen angestellt habe, könne das Revisionsgericht regelmäßig kaum zuverlässig beurteilen, ob bereits alle wesentlichen Umstände erhoben und aus dem angefochtenen Urteil ersichtlich seien.

Schließlich haben die Revisionsgerichte fehlerhafte Kostenentscheidungen dann selbst berichtigt, wenn die zutreffende Entscheidung dem Gesetz zwingend zu entnehmen war[95]). Eine Ermessensentscheidung muß auch hier dem Revisionsgericht versagt sein. Das Oberlandesgericht in Köln hat allerdings in einem Fall[96]) abweichend erkannt, in dem das Berufungsgericht bei teilweisem Erfolg der Berufung des Angeklagten übersehen hatte, daß es die Gebühr ermäßigen und die entstandenen Auslagen angemessen verteilen konnte (§ 473 Abs. 1 Satz 3 StPO). Auf die Revision des Angeklagten hat das Oberlandesgericht unter Verwerfung des Rechts-

[90]) BGH LM Nr. 2 zu § 354 Abs. 1 StPO.

[91]) So BGH MDR 1954, 309; sehr bedenklich dagegen BGH NJW 1953, 1838 Nr. 18.

[92]) So insoweit zutreffend BGH NJW 1954, 39 Nr. 16. Eine andere Frage ist es, ob das Gericht in der Tat verpflichtet war, die Gesetzesänderung zu berücksichtigen; a. A. insoweit BGH NJW 1954, 39 Nr. 15.

[93]) Nach dem Gesetz betr. die Entschädigung für unschuldig erlittene Untersuchungshaft v. 14. 7. 1904 (RGBl I S. 321).

[94]) BGH NJW 1953, 1602 = BGHSt 4, 300; a. A. OLG Köln NJW 1954, 1737 Nr. 23, ohne die Entscheidung des BGH zu erwähnen.

[95]) So RG JW 1927, 389 Nr. 21; BGH JR 1954, 352; OLG Kolmar DJZ 1916, 1002; OLG Düsseldorf HRR 1925, 141; OLG Köln MDR 1953, 759; OLG Hamm JMBl NW 1955, 213.

[96]) NJW 1954, 1012 Nr. 23; bedenklich auch OLG Hamm JMBl NW 1955, 106.

mittels im übrigen über die Kosten der Berufungsinstanz nach eigenen Ermessen entschieden. Dieser Entscheidung ist zuzugeben, daß auch die in § 354 Abs. 1 StPO genannten Fälle der gesetzlich niedrigsten Strafe und des Absehens von Strafe an sich dem Tatrichter vorbehaltene Ermessensentscheidungen zum Gegenstand haben [97]. Diese Bestimmungen dürfen jedoch nicht entsprechend angewendet werden. Es handelt sich bei ihnen um Ausnahmen, die zudem an einen Antrag der Staatsanwaltschaft gebunden sind. Nur der allein dem Wesen des geltenden Revisionsrechts entsprechende Grundgedanke darf sinngemäß auf andere als im Gesetz genannte Fälle angewendet werden. Dieser Grundgedanke besagt, daß das Revisionsgericht nur dann durcherkennen darf, wenn kein Raum mehr für tatrichterliches Ermessen vorhanden ist. Der Boden des geltenden Revisionsrechts würde verlassen, wollte man den Selbstentscheid des Revisionsgerichts auch auf solche tatrichterlichen Ermessensentscheidungen ausdehnen, die nicht ausdrücklich im Gesetz aufgeführt sind.

---

[97]) Zu der vom OLG Köln weiterhin zur Begründung seiner Auffassung herangezogenen Ansicht, das Revisionsgericht sei auch zur Anrechnung von Untersuchungshaft befugt, wird abschl. in einem bes. Abschnitt Stellung zu nehmen sein.

FÜNFTER ABSCHNITT

Anrechnung von Untersuchungshaft

Die Frage, ob das Revisionsgericht zur Anrechnung von Untersuchungshaft (§ 60 StGB) befugt ist, muß unter zwei Gesichtspunkten geprüft werden. Zuerst ist zu untersuchen, ob das Revisionsgericht die bis zum Erlaß des angefochtenen Urteils erlittene Untersuchungshaft selbst anrechnen oder umgekehrt die im angefochtenen Urteil ausgesprochene Anrechnung beseitigen darf, wenn der Tatrichter insoweit rechtsfehlerhaft entschieden hat. Sodann ist zu fragen, ob das Revisionsgericht berechtigt ist, die seit Erlaß des angefochtenen Urteils erlittene Untersuchungshaft auf die erkannte Strafe anzurechnen.

§ 9. Anrechnung der bis zum Erlaß des angefochtenen Urteils erlittenen Untersuchungshaft.

Die Frage, ob das Revisionsgericht die bis zum Erlaß des angefochtenen Urteils erlittene Untersuchungshaft anrechnen oder umgekehrt die im angefochtenen Urteil ausgesprochene Anrechnung beseitigen darf, wenn der Tatrichter insoweit rechtsfehlerhaft entschieden hat [1]), läßt sich aus dem Wesen der Anrechnung von Untersuchungshaft beantworten. Die Anrechnung von Untersuchungshaft gehört in das Gebiet des Strafausspruchs, wenn auch nicht zur Strafzumessung im engeren Sinne [2]). Es erscheint in bestimmten Fällen angemessen, daß der Untersuchungshaft mit ihren Wirkungen auf den Täter nachträglich eine Bedeutung zuerkannt wird, die grundsätzlich erst der Strafhaft zukommt. In diesen Fällen soll daher die an sich bereits „erkannte" Strafe [3]) nicht oder doch nicht in voller Höhe vollstreckt werden [4]). Die Anrechnung der Untersuchungshaft ist somit maßgebend für die Dauer der im Ergebnis abzubüßenden Strafe [5]). Ob der Richter von der Möglichkeit der Anrechnung Ge-

---

[1]) Hierzu gehört auch, daß er zu der Frage der Anrechnung überhaupt nicht oder nur ungenügend Stellung genommen hat; vgl. RG HRR 1939 Nr. 1317; OGHSt 1, 150 BGH NJW 1953, 232 Nr. 22; OLG Gera NJ 1947, 105 mit insoweit zust. Anm. v. Weiss; OLG Koblenz HESt 1, 101; Löwe § 267 Anm. 10c; LK I § 60 VI.

[2]) So zutreffend BGHSt 7, 214 BGH LM Nr. 6 zu § 60 StGB mit zust. Anm. v. Busch; Niethammer Anm. zu OLG Hamburg SJZ 1948, 699; Seibert DRiZ 1955, 288.

[3]) Vgl. § 60 StGB.

[4]) So grundsätzlich RGSt 75, 279 (282).

[5]) Aus dem Gesagten ergibt sich, daß es trotzdem zumindest ungenau ist, die Anrechnung der Untersuchungshaft „der Sache nach" (so KMR-

brauch machen will, hängt in der Regel von Erwägungen ab, die sich mit dem tatsächlichen Gebiet der Strafsache befassen (Art der strafbaren Handlung, ihre strafrechtliche Bewertung, vor allem auch die Persönlichkeit des Täters). In jedem Fall aber handelt es sich um eine dem Tatrichter vorbehaltene Ermessensentscheidung. Hat dieser seine Ermessensbefugnis übersehen oder einen rechtsfehlerhaften Gebrauch von ihr gemacht, so ist ihm Gelegenheit zu geben, sein Ermessen richtig auszuüben [6]). Das Revisionsgericht darf sich nicht an seine Stelle setzen. Die Anrechnung bzw. Nichtanrechnung der Untersuchungshaft ist daher grundsätzlich Aufgabe des Tatrichters [7]). Die Sache muß deshalb insoweit zurückverwiesen werden [8]).

Streitig ist lediglich, ob in diesen Fällen der gesamte Strafausspruch aufzuheben [9]) oder die Sache nur zur Entscheidung über die Anrechnung von Untersuchungshaft zurückzuverweisen ist [10]). Die erste Ansicht geht davon aus, daß die Anrechnung beziehungsweise Nichtanrechnung der Untersuchungshaft die Strafhöhe beeinflußt haben könne, da letztlich die Dauer der Strafe entscheidend sei, die der Verurteilte abzubüßen habe. Diese Gedankengänge entsprechen jedoch nicht dem Willen des Gesetzes und dem Unterschied, der zwischen Untersuchungshaft und Strafhaft mit ihren verschiedenen Wirkungen auf den Häftling besteht. Nur in bestimmten Fällen soll die an sich — und vorweg — erkannte Strafe nicht oder nicht in voller Höhe vollstreckt, vielmehr die Untersuchungshaft angerechnet werden [11]). Auch die unbestrittene Rechtsprechung, daß die Revision auf die Frage der Anrechnung der Untersuchungshaft beschränkt werden darf, beruht auf der Annahme, daß die Frage der Strafhöhe und die der Anrechnung von Untersuchungshaft sich

Komm. § 267 Anm. 9 B b), in ihrer „praktischen Bedeutung" (so Würtenberger JZ 1952, 545) oder gar ohne Einschränkung zur Strafzumessung zu rechnen, vgl. Löwe § 267 Anm. 10 c, Schwarz StPO § 354 Anm. 2 D. Vgl. zu dieser Frage auch RKG 1, 159.

[6]) Vgl. auch RKG 1, 161.

[7]) Vgl. OLG Hamm JMBl NW 1954, 94. — So lehnt auch LK I § 60 Anm. I 1 die Befugnis d. Revisionsgerichts zur anderweitigen Anrechnung der Untersuchungshaft ab.

[8]) So auch ganz überwiegend die Praxis, vgl. RG JW 1934, 2914 Nr. 17; OGHSt 1, 95 (103 f.); 1, 150; BGHSt 7, 214; OLG Erfurt NJ 1951, 476 mit abl. Anm. v. Trapp, dem dies Verfahren zu zeitraubend erscheint, ohne daß er seine abweichende Ansicht dogmatisch begründet; OLG Oldenburg JZ 1952, 753 mit zust. Anm. v. Würtenberger; vgl. auch LK I § 60 Anm. VI mit weiteren Nachweisen, a. A. OLG Gera in RegBl f. d. Land Thüringen 1948 Teil II S. 314 (Leitsatz).

[9]) So OGHSt 1, 95; 1, 150; OLG Erfurt NJ 1951, 476; OLG Oldenburg JZ 1952, 753 mit zust. Anm. v. Würtenberger; vgl. auch LK I § 60 Anm. VI.

[10]) Vgl. hierzu u. a. RG JW 1934, 2914 Nr. 17; BGHSt 7, 214 = BGH LM Nr. 6 zu § 60 StGB mit zust. Anm. v. Busch = BGH JZ 1955, 383 mit abl. Anm. v. Würtenberger.

[11]) Vgl. RGSt 75, 279 (282) und oben S. 51 f.

grundsätzlich gegenseitig nicht beeinflussen [12]). Es wäre nicht folgerichtig, in einem solchen Fall regelmäßig doch den ganzen Strafausspruch aufzuheben; denn damit würde geleugnet, daß die Frage einer selbständigen Prüfung zugänglich ist. Aus diesen Gründen ist davon auszugehen, daß regelmäßig nur noch über die Frage der Anrechnung von Untersuchungshaft zu entscheiden ist [13]). Nur ausnahmsweise wird die Höhe der Strafe von der Anrechnung der Untersuchungshaft erkennbar beeinflußt worden sein [14]). Dann muß der gesamte Strafausspruch aufgehoben werden.

Es sind jedoch auch Fälle denkbar, in denen das Revisionsgericht die bis zum Erlaß des angefochtenen Urteils erlittene Untersuchungshaft selbst anrechnen oder umgekehrt die im angefochtenen Urteil ausgesprochene Anrechnung beseitigen darf. Die Anrechnung durch das Revisionsgericht wird beispielsweise zulässig sein, wenn der Tatrichter sie rechtsirrig nicht im Tenor ausgesprochen, er in den Gründen jedoch klar zu erkennen gegeben hat, daß und in welcher Höhe er sie für angebracht hält [15]). Es wird ferner dann zulässig sein, wenn der Tatrichter auf eine erfolgreiche Revision hin nach erneuter Verhandlung wieder auf dieselbe Strafe erkennt, er im Gegensatz zu seiner ersten Entscheidung die bis zum Erlaß des ersten Urteils erlittene Untersuchungshaft aber nicht anrechnet (Verstoß gegen § 358 Abs. 2 StPO). Hier wird der Revisionsrichter jedenfalls die bis zum Erlaß des ersten tatrichterlichen Urteils erlittene Untersuchungshaft anrechnen dürfen [16]). Sehr weitgehend und wohl abzulehnen ist dagegen eine neuere Entscheidung des Oberlandesgerichts Köln [17]). Es erscheint nicht angängig, die erst noch zu treffende Ermessensentscheidung des Vorderrichters über die Anrechnung von Untersuchungshaft vorweg dann als fehlerhaft zu bezeichnen, falls die Untersuchungshaft nicht angerechnet werden sollte. Hier muß die Entscheidung des Tatrichters und ihre Begründung abgewartet werden. Erst dann ist das Revisionsgericht in der Lage, die Entscheidung auf Fehler nachzuprüfen. In Wahrheit hat das Oberlandesgericht hier unzulässigerweise sein eigenes Ermessen an die Stelle des Ermessens des Tatrichters gesetzt.

---

[12]) So erstmalig RGSt 41, 319 und ständig, zuletzt noch RGSt 71, 140; ferner OGHSt 1, 150; 1, 95; Löwe § 267 Anm. 10 c; vgl. auch BGHSt 7, 214.

[13]) Auch auf diesem Wege läßt sich daher eine neue Verhandlung über die Straffrage vermeiden, ohne daß — wie z. B. Trapp a. a. O. es im Ergebnis befürwortet — das Revisionsgericht in tatrichterliches Gebiet eingreift.

[14]) So auch BGHSt 7, 214.

[15]) So OLG Braunschweig NdsRpfl 1951, 110 Nr. 4; a. A. offenbar Löwe § 267 Anm. 10 c.

[16]) Vgl. RG JW 1934, 2914 Nr. 17.

[17]) OLG Köln NJW 1953, 796 Nr. 27; abzulehnen auch KG JR 1947, 170.

§ 10. Anrechnung der seit Erlaß des angefochtenen Urteils erlittenen Untersuchungshaft.

Die Frage, ob das Revisionsgericht die seit Erlaß des angefochtenen Urteils erlittene weitere Untersuchungshaft, die sogenannte Revisionshaft, anrechnen darf, weicht von den bisher besprochenen Möglichkeiten einer eigenen Sachentscheidung des Revisionsgerichts ab. Es handelt sich hierbei nicht um die Änderung einer schon getroffenen, sondern um eine erst noch zu treffende Entscheidung.

Der Kreis der in Frage kommenden Fälle ist kleiner, als es auf den ersten Blick scheinen möchte [18]). Hat sich der Angeklagte dem Urteil des Tatrichters unterworfen, so gilt bereits nach dem Gesetz die nach der Unterwerfung erlittene Untersuchungshaft als Strafhaft (§ 450 StPO) [19]). Ferner scheiden die Fälle aus, in denen das Revisionsgericht das angefochtene Urteil ganz oder teilweise aufhebt und die Sache zurückverweist. Hier hat der Tatrichter Gelegenheit, zur Frage der Anrechnung von Untersuchungshaft Stellung zu nehmen; auch ist, wenn auch nur der Strafausspruch aufgehoben wird, noch nicht auf eine Strafe „erkannt" [20]), auf die die Untersuchungshaft angerechnet werden könnte.

Es kommen daher nur die Fälle in Betracht, in denen die Sache mit dem Urteil des Revisionsgerichts rechtskräftig entschieden ist. Das ist in erster Linie der Fall, wenn die Revision des Angeklagten verworfen wird. Es ist ferner der Fall, wenn das Revisionsgericht in der Sache selbst entscheidet [21]), wobei vor allem an den eigenen Sachentscheid in entsprechender Anwendung des § 354 Abs. 1 StPO zu denken ist [22]).

Diesen beiden Fallgruppen ist gemeinsam, daß der Tatrichter zu keiner Zeit über die Anrechnung der Revisionshaft entscheiden kann. Er kann diese Haft bei Erlaß seines Urteils noch nicht berücksichtigen, da sie in diesem Zeitpunkt noch nicht „erlitten", in ihrer etwaigen Dauer auch unbekannt ist. Er hat auch später keine Gelegenheit mehr, zu dieser Frage Stellung zu nehmen, da das Verfahren durch das Revisionsgericht rechtskräftig abgeschlossen wird. Hier ist daher zu prüfen, ob das Revisionsgericht befugt ist, die seit

---

[18]) So auch RKG 1, 159.

[19]) Vgl. hierzu auch BGH NJW 1955, 1488 Nr. 18. — Für die Anrechnung der bis zur Unterwerfung erlittenen weiteren Haft bleibt nur der Gnadenweg offen. Dieser Fall wird vor allem praktisch, wenn der Angeklagte die zuerst eingelegte Revision im Laufe des Verfahrens zurücknimmt.

[20]) Vgl. § 60 StGB.

[21]) Diese Möglichkeit hat RKG 1, 159 übersehen.

[22]) Bei einer direkten Anwendung des § 354 Abs. 1 StPO kommt eine Anrechnung von Untersuchungshaft in den praktisch bedeutsamen Fällen des Freispruchs und der Einstellung, wie auch bei Absehen von Strafe nicht in Betracht.

Erlaß des angefochtenen Urteils erlittene Untersuchungshaft anzurechnen.

Bis zum Jahre 1938 läßt sich kein Urteil finden, in dem ein Revisionsgericht dem Angeklagten die Revisionshaft angerechnet hat. Das Revisionsgericht wurde hierzu nicht für befugt gehalten, weil § 60 StGB die Anrechnung von Untersuchungshaft dem Richter vorbehalte, der auf „Strafe erkannt" hat, das aber nur der Tatrichter sei [23]). Im Jahre 1938 hat dann erstmalig das Reichskriegsgericht [24]) entschieden, auch das Revisionsgericht sei zur Anrechnung von Untersuchungshaft befugt. Diese Entscheidung hat jedoch die damalige Rechtsprechung der ordentlichen Strafgerichte nicht beeinflußt. Erst nach dem zweiten Weltkrieg hat sich in der Rechtsprechung zunächst der Oberlandesgerichte [25]) die Auffassung durchgesetzt, die Revisionsgerichte dürften die seit Erlaß des angefochtenen Urteils erlittene Untersuchungshaft anrechnen. Ursache für diesen Wandel der Rechtsprechung war die nach dem Kriege eingetretene Überbelastung der Revisionsgerichte, in deren Folge Revisionsverfahren von über einem Jahr keine Seltenheit waren [26]). Die angeführten Entscheidungen hielten es — mit nur geringfügig abweichenden Begründungen im einzelnen — für unbillig, die entsprechend lange Dauer der Revisionshaft voll dem Angeklagten aufzubürden. Sie haben sich daher dazu bekannt, daß die Revisionsgerichte aus Gründen der Billigkeit zur Anrechnung von Untersuchungshaft berechtigt seien.

Der Oberste Gerichtshof für die Britische Zone hat diese Rechtsprechung fortgesetzt [27]), der Bundesgerichtshof [28]) vertritt dieselbe Ansicht [29]). Die Literatur stimmt dieser Rechtsprechung im wesent-

---

[23]) Vgl. hierzu RKG 1, 158; OLG Frankfurt HESt 2, 194; BayObLGSt 1, 32 n. F. = NJW 1950, 116 Nr. 20 und Krönig S. 343.

[24]) RKG 1, 158 ff.

[25]) OLG Kiel HESt 1, 257; OLG Frankfurt HESt 2, 194; OLG Hamburg HESt 2, 211; BayObLG NJW 1950, 116 Nr. 20; OLG Köln NJW 1953, 796 Nr. 21; KG vom 30. 6. 1948 — 1 Ss 59/48 (zitiert bei Dalcke § 353 StPO Anm. 1).

[26]) Im Falle des OLG Frankfurt a. a. O. waren seit Verkündung des Urteils der Strafkammer teilweise sogar fast 19 Monate vergangen. Vgl. auch die anschließend, Note 27, zitierten Entscheidungen des Obersten Gerichtshofes für die Britische Zone.

[27]) OGH v. 26. 4. 1949-StS 117/49 (Dauer der Revisionshaft über 10 Monate); OGH v. 11. 10. 1949-StS 160/49 (Dauer der Revisionshaft über 2 Jahre); OGH v. 6. 2. 1950-StS 329/49 (Dauer der Revisionshaft über ein Jahr); OGH v. 27. 3. 1950-StS 291/49 (Revisionshaft ein Jahr); OGH v. 25. 4. 1950-StS 109/49 (Revisionshaft über 16 Monate).

[28]) BGH LM Nr. 1 zu § 60 StGB = BGH JZ 1951, 151; vgl. auch Dallinger MDR 1951, 145 (zu § 60 StGB).

[29]) Die Dauer der Revisionsverfahren ist auch heute noch unverhältnismäßig lang; vgl. für das Jahr 1954 den Überblick bei Jagusch JZ 1955, 33 Note 2.

lichen zu [30]), obwohl auch die gegenteilige Auffassung vertreten wird [31]).

Bei einer eigenen Stellungnahme muß man sich zunächst darüber klar sein, daß sich die Frage nicht aus § 60 StGB beantworten läßt. Der früher vertretenen Ansicht ist zuzugeben, daß nur der Tatrichter „bei Fällung des Urteils" auf Strafe „erkennt" [32]). Es trifft daher zu, daß der Wortlaut des Gesetzes es dem Revisionsgericht schwer macht [33]), ja verbietet, Untersuchungshaft anzurechnen. Andererseits will § 60 StGB die Anrechnung der in einer Sache erlittenen Untersuchungshaft ermöglichen, ohne daß das Gesetz diese Möglichkeit auf bestimmte Verfahrensabschnitte beschränkt [34]). Die Gesetzesmaterialien ergeben zu dieser Frage nichts [35]).

Es ist daher der heutigen Rechtsprechung zuzustimmen, daß das Gesetz insoweit lückenhaft ist [36]). Diese Lücke kann nicht durch einen Hinweis auf den Gnadenweg geschlossen werden [37]). Abgesehen von den hierbei sich ergebenden Unzuträglichkeiten [38]), wäre damit nicht die Frage beantwortet, ob bereits ein Richter zu einer solchen Anrechnung befugt ist [39]). Im Gegensatz zu der in der Rechtsprechung vertretenen Ansicht kann diese Lücke aber auch nicht durch bloße Billigkeitserwägungen geschlossen werden. Es bleibt hierbei die Frage offen, ob dieser Weg sich überhaupt mit den Grundgedanken des geltenden Prozeßrechts vereinbaren läßt. Von hier aus ist daher in erster Linie zu entscheiden, ob das Revisionsgericht Untersuchungshaft anrechnen darf. Es muß geprüft werden, ob und inwieweit sich eine solche Befugnis des Revisionsgerichts mit dem Wesen des Revisionsrechts verträgt [40]). Erst wenn hiernach diese Befugnis — ganz oder für einen bestimmten Kreis von Fällen — nicht überhaupt auszuschließen ist, werden bei der Frage, ob im Einzelfall von ihr Gebrauch zu machen ist, Billigkeitserwägungen eine entscheidende Rolle spielen [41]).

---

[30]) Löwe § 267 Anm. 10 c; KMR-Komm. § 267 Anm. 9 B b; Erbs § 354 Anm. V; Schönke-Schröder § 60 Anm. V 3; Kohlrausch-Lange § 60 Anm. I; Krönig S. 343; Ackermann NJW 1952, 367; Börker JR 1952, 272; Würtenberger JZ 1952, 548.

[31]) So von Schwarz StPO § 354 Anm. 2 D.

[32]) Vgl. hierzu noch Krumme, Anm. zu BGH LM Nr. 1 zu § 60 StGB.

[33]) So Ackermann NJW 1952, 367.

[34]) So auch RKG 1, 160; OLG Kiel HESt 1, 257; BayObLG NJW 1950, 116 Nr. 20.

[35]) Vgl. hierzu Krönig S. 343.

[36]) Vgl. vor allem OLG Kiel HESt 1, 257; BayObLG NJW 1950, 116 Nr. 20; OGH v. 26. 4. 1949-StS 117/49; zustimmend auch Krönig S. 343.

[37]) So auch OLG Kiel HESt 1, 257; Würtenberger JZ 1952, 548.

[38]) Vgl. RKG 1, 161.

[39]) So auch OLG Kiel a. a. O.

[40]) Vgl. hierzu Krönig S. 343.

[41]) Die Frage, ob das Revisionsgericht grundsätzlich zur Anrechnung von Untersuchungshaft befugt ist, ist von der weiteren Frage, wann es

Das Revisionsgericht ist Rechtsrügegericht. Es befaßt sich mit der rechtlichen, nicht aber mit der tatsächlichen Seite eines Falles (§ 337 StPO). Nur ausnahmsweise hat das Gesetz dem Revisionsrichter tatrichterliche Funktionen übertragen. Das ist hier nicht geschehen! Das Revisionsgericht ist daher nicht befugt, die Untersuchungshaft aus Gründen anzurechnen, die dem tatsächlichen Gebiet der Strafsache entnommen sind (Art der strafbaren Handlung, ihre strafrechtliche Bewertung, vor allem auch die Persönlichkeit des Täters [42]). In diesen Fällen bleibt daher nur der Gnadenweg offen.

Die Gründe, die eine Anrechnung der Untersuchungshaft angezeigt erscheinen lassen, sind jedoch nicht nur dem tatsächlichen Gebiet der Strafsache zu entnehmen. Es kann vielmehr vorkommen, daß eine Entscheidung nach § 60 StGB möglich ist, ohne daß auf tatsächliche Fragen eingegangen werden muß [43]). Hier ist an die Revisionsverfahren zu denken, die sich ohne Schuld des Angeklagten über Gebühr lange hinziehen. Abgesehen von seltenen Ausnahmen, wie beispielsweise der Erkrankung eines Richters, ergeben sich solche Verzögerungen heute auf Grund der Überbelastung der Revisionsgerichte. In diesen Fällen bestehen gegen die Befugnis des Revisionsgerichts, Revisionshaft anzurechnen, keine Bedenken; es wird ja in keiner Weise in das Gebiet des Tatrichters eingegriffen.

Nur insoweit haben die Revisionsgerichte bisher auch von der Möglichkeit Gebrauch gemacht, Revisionshaft anzurechnen [44]). Dieser Rechtsprechung ist daher im Ergebnis zuzustimmen. Ihre Gründe gehen jedoch zu weit. Sie würden einer Anrechnung der Untersuchungshaft durch die Revisionsgerichte auch dann nicht im Wege stehen, wenn diese Anrechnung sich nur auf das tatsächliche Gebiet der Strafsache stützen könnte. Auch in diesen Fällen mag eine Anrechnung unter Umständen billig sein, ohne daß das Revisionsgericht jedoch befugt noch in der Lage wäre, sie auszusprechen. Ein in jedem Fall zutreffendes Ergebnis gewährt daher nur eine am Wesen des Revisionsrechts ausgerichtete Beurteilung. Der Begründung der Rechtsprechung kann daher nicht zugestimmt werden; sie beachtet die Grenzen der Tätigkeit des Revisionsrichters nicht genügend. Es ist vielmehr festzuhalten, daß das Revisionsgericht Untersuchungshaft nur anrechnen darf, wenn die Entscheidung dieser Frage kein Eingehen auf das tatsächliche Gebiet der Strafsache fordert. Auch auf diesem Wege läßt sich das gewiß unerfreuliche

---

gegebenenfalls von dieser Befugnis Gebrauch machen soll, scharf zu trennen. Dies wird nicht immer genügend beachtet. Die Tatsache, daß viele Gerichte heute die Untersuchungshaft regelmäßig anrechnen, während dies früher die Ausnahme war (KG JR 1947, 170; Ackermann NJW 1952, 367; Seibert DRiZ 1955, 288), hat weiterhin zur Verwirrung beigetragen.

[42]) Vgl. hierzu RKG 1, 160; Krönig S. 344.

[43]) So auch RKG 1, 160.

[44]) Vgl. die oben S. 55 angeführten Entscheidungen.

Ergebnis vermeiden, daß die unverhältnismäßig lange Dauer der heutigen Revisionsverfahren voll zu Lasten des verhafteten Angeklagten geht.

Es trifft zu, daß das Revisionsgericht hier eine Ermessensentscheidung zu fällen hat. Dennoch steht die hier vertretene Ansicht zu unseren früheren Überlegungen nicht im Widerspruch. Wir haben uns an keiner Stelle gegen Ermessensentscheidungen des Revisionsgerichts als solche ausgesprochen, sie vielmehr immer nur dann abgelehnt, wenn ein solcher Entscheid dem Tatrichter vorbehalten ist. Die Ausübung tatrichterlichen Ermessens steht dem Revisionsgericht nicht zu, weil ihm hierfür in der Regel schon der Sache nach — Zusammenhang mit dem tatsächlichen Gebiet der Strafsache! — die nötigen Eindrücke fehlen, zum anderen aber auch der Tatrichter in seinem Entscheidungsbereich gegen Eingriffe zu schützen ist. Handelt es sich dagegen bei der Ausübung von Ermessen in keiner Weise um eine dem Tatrichter vorbehaltene Entscheidung, bleibt gar nichts anderes übrig, als daß das Revisionsgericht sie trifft. Die Befugnis des Revisionsgerichts, die Revisionshaft anzurechnen, wenn die Sache durch sein Urteil rechtskräftig wird, bedeutet in den von uns für zulässig erachteten Fällen aus zwei Gründen keinen Eingriff in tatrichterliches Ermessen: einmal fehlt hier jede Beziehung zu dem tatsächlichen Gebiet der Strafsache [45]), zum anderen hat diese Frage nie zur Entscheidung des Tatrichters gestanden und wird sie auch in Zukunft nie stehen [46]). Andererseits würde es ein schwerer Mangel des Prozeßrechts sein, wenn es zu einer Entscheidung, zu der unter Umständen alles drängt, keine zu ihr berufene Stelle gäbe. Diese Stelle aber kann nur das Revisionsgericht sein.

Selbstverständlich darf das Revisionsgericht von seiner Befugnis, Untersuchungshaft anzurechnen, nicht Gebrauch machen, um auf einem Umweg die Höhe der Strafe zu korrigieren [47]). Die Strafzumessung ist ausschließlich Sache des Tatrichters [48]). Auch würde eine solche Anwendung des § 60 StGB der grundsätzlichen Trennung der Strafzumessung von der Anrechnung der Untersuchungshaft widersprechen [49]).

Es ist schließlich unerheblich, ob das Revisionsgericht die Untersuchungshaft in einem Urteil oder in einem Beschluß gemäß § 349

---

[45]) Wo diese Beziehung besteht, ist das Revisionsgericht folgerichtig nicht zur Anrechnung von Untersuchungshaft befugt; vgl. oben S. 57 f.

[46]) Vgl. oben S. 54.

[47]) So auch RKG 1, 161; Krönig S. 344; Krumme Anm. zu BGH LM Nr. 1 zu § 60 StGB.

[48]) Vgl. oben S. 33 und S. 35.

[49]) Vgl. oben S. 52 f.

Abs. 2 StPO anrechnet[50]). Die Möglichkeit, eine Revision durch Beschluß zu verwerfen, hat bei Erlaß des § 60 StGB noch nicht bestanden und konnte daher in dieser Vorschrift nicht berücksichtigt werden. Der Verwerfungsbeschluß steht zudem seinem Inhalt nach einem entsprechenden Urteil gleich. Die Anrechnung der Revisionshaft steht auch nicht der Annahme entgegen, daß die Revision offensichtlich unbegründet sei. Da diese Haft nämlich erst nach Erlaß des angefochtenen Urteils erlitten wird, kann sich die Revision gar nicht auf sie beziehen. Das Revisionsgericht ist daher befugt, die Untersuchungshaft auch in einem Beschluß nach § 349 Abs. 2 StPO anzurechnen.

Das Revisionsgericht wird von seiner Befugnis im Einzelfall Gebrauch machen, wenn das der Billigkeit entspricht[51]). Das ist keineswegs der Regelfall. Grundsätzlich ist vielmehr daran festzuhalten, daß die Revisionshaft zu Lasten des Angeklagten geht[52]). Es ist im Interesse einer geordneten Rechtspflege erforderlich, keinen unnötigen Anreiz zur Einlegung von Revisionen zu geben. Auf der einen Seite würden zahlreiche Angeklagte Revision lediglich deshalb einlegen, um einen möglichst großen Teil ihrer Strafe in der angenehmeren Weise der Untersuchungshaft abzubüßen, während auf der anderen Seite die Revisionsgerichte noch weiter belastet und an geordneter Tätigkeit gehindert würden. Die Anrechnung von Untersuchungshaft entspricht vielmehr nur dann der Billigkeit im Rahmen der dem Revisionsgericht gegebenen Befugnis, wenn der Angeklagte vor unverhältnismäßigen Verzögerungen des Revisionsverfahrens, wie sie sich vor allem aus der heutigen Geschäftslage ergeben, geschützt werden soll. Der einzelne Angeklagte ist an dieser ungewöhnlichen Verzögerung nicht schuld; sie darf daher auch nicht zu seinen Lasten gehen.

Kein anderer Gedanke liegt der Rechtsprechung des Obersten Gerichtshofes für die Britische Zone und des Bundesgerichtshofes zugrunde. Diese Gerichte rechnen die Revisionshaft in der Regel an, soweit sie drei Monate — die in etwa normale Dauer von Revisionsverfahren in Haftsachen — übersteigt[53]). Sie geben damit zu erkennen, daß die normale Dauer des Revisionsverfahrens grundsätzlich zu Lasten des Angeklagten geht[54]).

Dieser Rechtsprechung ist daher insoweit zuzustimmen[55]). Sie

---

[50]) OLG Kiel HESt 1, 257; Erbs § 354 Anm. V; Krumme a. a. O.; Dallinger MDR 1951, 145 (zu § 60 StGB); vgl. auch RKG 1, 161.

[51]) Vgl. oben S. 56 und Note 41 daselbst.

[52]) Vgl. hierzu vor allem OLG Frankfurt HESt 2, 194; auch OLG Kiel HESt 1, 257; auf dem gleichen Gedanken beruht ferner OLG Hamm NJW 1951, 415.

[53]) Vgl. die oben S. 55 Note 27 und 28 zitierte Rechtsprechung; dazu noch Löwe § 267 Anm. 10 c; Gage-Sarstedt S. 54; Seibert DRiZ 1955, 289.

[54]) So auch Börker JR 1952, 272; Seibert a. a. O.

[55]) Wegen der gegen sie bestehenden Bedenken vgl. oben S. 57.

bietet keinen unnötigen Anreiz, Revision einzulegen; sie beeinträchtigt aber auch nicht die Freiheit der Willensentschließung des Angeklagten. Bestünde bei der heutigen Dauer der Revisionsverfahren grundsätzlich keine Möglichkeit, Revisionshaft anzurechnen, so würde dies im Ergebnis einem bedenklichen Druck auf die Entscheidungsfreiheit des Angeklagten gleichkommen [56]). Da jedoch gerade die Anrechnung von unverhältnismäßig langer Haft zulässig ist, fallen diese Bedenken weg. Der Angeklagte, der ernsthaft von dem Erfolg seines Rechtsmittels überzeugt ist, wird in der Regel eine weitere Untersuchungshaft von nur 3 Monaten in Kauf nehmen. Zumindest muß ihm dies im allgemeinen Interesse an einer geordneten Rechtspflege zugemutet werden, ohne daß insoweit von einer unzulässigen Beeinträchtigung seiner Willensfreiheit gesprochen werden könnte.

Vor einer allzu starren Rechtsprechung, jeweils gerade die drei Monate übersteigende Revisionshaft anzurechnen, muß jedoch gewarnt werden [57]). Hat der Angeklagte offenbar mutwillig Revision eingelegt, um beispielsweise noch nicht in Strafhaft überführt zu werden, so wird die Anrechnung auch der übermäßig langen Revisionshaft regelmäßig nicht angebracht sein [58]). Zu weitgehend dürfte dagegen eine solch strenge Entscheidung bei nur leichtfertig eingelegten Revisionen sein [59]). Sicherlich verdient der Angeklagte, der sich hartnäckig der Einsicht in das Unrecht seiner Tat verschließt [60]), weniger Schutz als ein Beschwerdeführer, der ernsthaft und aus beachtlichen Gründen an sein Recht glaubt. Es empfiehlt sich daher hier, einen Mittelweg zu gehen und dem Angeklagten wenigstens einen Teil der Untersuchungshaft anzurechnen, soweit sie drei Monate übersteigt. Andererseits mag ausnahmsweise eine Anrechnung der Revisionshaft auch insoweit angebracht sein, als sie drei Monate nicht übersteigt [61]). Maßgebend müssen immer die Umstände des Einzelfalles sein.

Abschließend darf festgestellt werden, daß die hier aufgezeigte Lösung der Frage, ob das Revisionsgericht die seit Erlaß des angefochtenen Urteils erlittene Untersuchungshaft anrechnen darf, sich eng an die Grundsätze des Revisionsrechts hält, gleichzeitig aber den Bedürfnissen der Praxis und den schutzwürdigen Interessen des Angeklagten gerecht wird.

---

[56]) Vgl. hierzu Krumme a. a. O.; Börker JR 1952, 272; Würtenberger JZ 1952, 548; BayObLG NJW 1950, 116 Nr. 20.

[57]) So auch Schönke-Schröder § 60 Anm. V. 3; Börker a. a. O.; Würtenberger a. a. O.

[58]) Vgl. Gage-Sarstedt S. 54.

[59]) So aber Krönig S. 344.

[60]) Vgl. hierzu auch Krumme a. a. O.

[61]) Der BGH hat gelegentlich die ganze weitere Untersuchungshaft angerechnet; vgl. Seibert DRiZ 1955, 289; Gage-Sarstedt S. 54 f.

Zusammenfassung

Aufgabe der vorliegenden Arbeit war es, Voraussetzungen, Umfang und Grenzen einer Entscheidung des Revisionsgerichts in der Sache selbst zu bestimmen. Hierbei wurde mit der heute durchaus herrschenden Ansicht anerkannt, daß eine analoge Anwendung des § 354 Abs. 1 StPO grundsätzlich mit dem Gesetz vereinbar ist. Diese eigene Sachentscheidung ist in dem Umfang zulässig, in dem ein bestimmter Teil des Verfahrensgegenstandes einer selbständigen Betrachtung zugänglich ist; die für die Beschränkung der Revision entwickelten Grundsätze haben daher auch hier entsprechend zu gelten. Es ist sogar — im Interesse einer Abkürzung des Verfahrens — dringend erwünscht, daß der Revisionsrichter in der Richtung auf den Abschluß des Verfahrens vordrängt, soweit es auf dieser Grundlage geschehen kann. Im einzelnen sind noch weitere Besonderheiten zu beachten.

So darf das Revisionsgericht den Schuldspruch nur dann ändern, wenn die Vorschrift des § 265 StPO — die auch im Revisionsverfahren gelten muß — streng beachtet ist. Die Rechte des Angeklagten und das allgemeine Interesse an einem gerechten Urteil gehen dem Bestreben vor, möglichst schnell abschließend zu entscheiden. Es ist dem Revisionsgericht ferner verwehrt, unter Aufhebung eines rechtsirrigen Freispruchs selbst zu verurteilen; denn dem Angeklagten muß das Recht gewahrt bleiben, etwaige Verfahrensfehler rügen zu können, auf denen die vom Revisionsgericht zu seinem Nachteil verwerteten Feststellungen möglicherweise beruhen.

Bei einem Selbstentscheid im Strafausspruch hat das Revisionsgericht zu beachten, daß die Strafzumessung grundsätzlich Aufgabe des Tatrichters ist. Eine neue Hauptverhandlung, auch wenn sie voraussichtlich zu demselben Ergebnis führt, ist eher in Kauf zu nehmen als die Verletzung dieses Grundsatzes. Das Revisionsgericht darf daher nur dann selbst im Strafausspruch entscheiden, wenn es dabei nicht in tatrichterliches Gebiet eingreift.

Schließlich hat sich gezeigt, daß das Revisionsgericht befugt ist, Untersuchungshaft anzurechnen, soweit sich eine solche Entscheidung mit dem Wesen des Revisionsrechts vereinigen läßt.

Als Ergebnis darf festgehalten werden, daß die Entscheidung des Revisionsgerichts in der Sache selbst über den Wortlaut des § 354 Abs. 1 StPO hinaus in begrüßenswerter Weise überflüssige Neuverhandlungen vermeidet. Es ist jedoch nicht zu verkennen, daß die Rechtsprechung in ihrem Bestreben, möglichst schnell zu einer abschließenden Entscheidung zu gelangen, den Boden des geltenden Rechts häufig verlassen hat. Hier muß betont werden, daß prozeßwirtschaftliche Gesichtspunkte nur im Rahmen des Gesetzes berücksichtigt werden dürfen. Aber eine mit Vorsicht geübte Analogie zu § 354 Abs. 1 StPO vermag ein allen Interessen gerecht werdendes Ergebnis zu erzielen. Auf dieser Grundlage wird sich auch in Zukunft arbeiten lassen, ohne daß eine Neufassung des § 354 Abs. 1 StPO erforderlich wäre. Der Gedanke der Entscheidung des Revisionsgerichts in der Sache selbst führt bereits nach geltendem Recht zu theoretisch gesicherten, praktisch befriedigenden Ergebnissen.

FSC
www.fsc.org
MIX
Papier | Fördert gute Waldnutzung
FSC® C083411

Kolibri 360 GmbH
Ferdinand-Jühlke-Straße 7
99095 Erfurt, Deutschland
produktsicherheit@kolibri360.de